manaque **chavorruco** 1985-
00 un compen   lo
ue formó a la ge   ki-
na **almanaque chavorruco**
85-2000 un compendio de
do lo que formó a la generación
exicana **almanaque chavorru-**
1985-2000 un compendio de
do lo que formó a la generación
exicana **almanaque chavorru-**
1985-2000 un compendio de
do lo que formó a la generación
exicana **almanaque chavorru-**
1985-2000 un compendio de
do lo que formó a la generación
exicana **almanaque chavorru-**
1985-2000 un compendio de

Almanaque chavorruco
Un compendio de todo lo que formó a la generación mexicana

Primera edición: octubre, 2018

D. R. © 2018, Jorge Pinto

D. R. © 2018, derechos de edición mundiales en lengua castellana:
Penguin Random House Grupo Editorial, S. A. de C. V.
Blvd. Miguel de Cervantes Saavedra núm. 301, 1er piso,
colonia Granada, delegación Miguel Hidalgo, C. P. 11520,
Ciudad de México

www.megustaleer.mx

D. R. © Jorge Pinto, por el diseño de cubierta
D. R. © Dinusha Hoenjet / laligueducool.com, por el diseño de interiores
D. R. © Carmen Irene Gutiérrez Romero y Jorge Pinto, por el arte adicional
D. R. © Adriana Bastarrachea, Carmen Irabien y Eduardo Vallejo, por el texto adicional
D. R. © heroeslocales.org/Adriana Bastarrachea, Oswaldo Casares, Jorge Pinto, por la producción

ISBN: 978-607-316-209-8

Impreso en México – *Printed in Mexico*

El papel utilizado para la impresión de este libro ha sido fabricado a partir de madera procedente
de bosques y plantaciones gestionadas con los más altos estándares ambientales, garantizando
una explotación de los recursos sostenible con el medio ambiente y beneficiosa para las personas.

Penguin
Random House
Grupo Editorial

ALMANAQUE CHAVORRUCO

1985 - 2000

UN COMPENDIO DE TODO LO QUE FORMÓ
A LA GENERACIÓN MEXICANA

AGUILAR

Nos gusta recordar: no tanto por nostalgia sino, como todo en México, por el placer de burlarnos de nosotros. En lo que a superpoderes concierne, el del mexicano es la burla y a nosotros nos gusta honrar las tradiciones.

Si tienes entre 28 y 48 años seguro identificarás todas las piezas que componen este libro. Si no es el caso: por favor aléjate y cuéntale a quien más confianza le tengas.

Si tienes más de 48 años, quizás te dé un poco de coraje ser forzado a recordar todo lo que odiabas de los jóvenes en tus tiempos. *Sorry not sorry.*

Si tienes menos de 28 años: bienvenido, millennial, a ver si por fin aprendes lo que es bueno.

Si tienes menos de 18 años, este libro no es para ti. En serio, ni lo intentes.

En fin, podríamos escribir algunos chistes aquí sobre *Top Gun* y *floppy disks* pero entonces no tendrías motivación para leer el libro; así que, mejor, cambia la página, relájate y acompáñanos a ver esta triste historia.

CINE

Cazadores de tesoros con fedoras, dinosaurios de probeta, autobuses que estallan si van demasiado rápido (o demasiado lento)... hombres que cazan androides sin saber que ellos también son androides, caníbales enamorados de detectives, amigos que se matan entre ellos y que usan máscaras que compraron en el supermercado... extraterrestres amistosos pero con pésimo cutis, irlandeses con problemas de drogas, hombres que viven dentro de un programa de televisión... niños que ven gente muerta, científicos que combaten a un hombre de malvavisco, hombres que viajan al pasado para que sus papás puedan tener sexo y hombres que vienen del futuro para tener sexo con mujeres que puedan dar a luz al que iniciará la revolución contra las máquinas. Locas academias y la pregunta "¿Dónde está el piloto, el policía y hasta el exorcista?". Si tú sabes de qué estoy hablando, *Yippee ki-yay*, motherf*cker, definitivamente compraste el libro correcto.

Fuimos la última generación en ver efectos especiales a la antigüita y criaturas animatrónicas reales y no en un render de computadora. Fuimos la primera generación que dejamos de ver caricaturas animadas por más de 9 000 vietnamitas y pasamos a ver animaciones hechas en computadoras por 70 hombres blancos californianos.

Say hello to my little friend, toma esta píldora roja y descubre el verdadero mundo del cine de los chavorrucos.

Y recuerda, la primera regla del club de los chavorrucos es nunca hablar del club de los chavorrucos.

LA GUERRA DE LAS GALAXIAS
STAR WARS

___

Episodios IV, V y VI

En una galaxia que, al parecer, es muy lejana, se cuenta la historia de unos gemelos medio incestuosos. ¿De qué hablamos? De ositos mutantes alienígenas y la batalla más épica entre el bien y el mal. Sí, hablamos de La Fuerza y su tendencia a llevar hacia la luz o la oscuridad a quien la porte. Los Jedi y los Sith. Los Han Solo y Luke Skywalker (es decir, los cool y los tetos).

George Lucas, el genio de la narrativa de estas trilogías, nos llevó por una saga que no sólo le dio una actividad (y algo más) a los *nerdos* del mundo sino que también les regaló una realidad alternativa, sables de luz, Yoda, Leia en bikini dorado y, más importante, Darth Vader.

El triángulo amoroso en el centro de la serie es digno de una telenovela de las siete de la noche, de las de horario estelar; no sólo por el "te estás enamorando de tu hermana" sino también por el "además descubriste, después de perder una mano, que tu papá es un villano de los que se respetan pero que también hubiera sido tu suegro si no fuera porque tu amigo el cool se puso las pilas y no sabes qué está peor: si ser el heredero de uno de los reyes del lado oscuro o que un maniático que puede estrangular de lejos casi se entera que te estuviste besuqueando con su hijita".

En fin, en el cine hubo un antes y un después de *Star Wars IV, V, VI*. En la cultura popular hubo un antes y un después de *Star Wars*. En una galaxia así de lejana hubo un antes y un después de la Estrella de la Muerte. Y todos somos un poquito mejores por ello. *Ruido dramático de Chewbacca*.

Episodios I, II y III

No.

VOLVER AL FUTURO

BACK TO THE FUTURE •

Tierna historia de amistad entre un joven de preparatoria y un científico loco de entre cuarenta y ochenta años que, usando plutonio y, en pleno espíritu ochentero, un coche deportivo plateado, rompen el contínuum del tiempo y el espacio y logran viajar al pasado. Normal.

Una vez en el pasado, el científico loco pierde la memoria y no reconoce a Marty, ni se acuerda de cómo viajar en el tiempo: todo esto mientras la joven madre de Marty, en un espíritu adelantado a sus tiempos, trata de *cosharse* a su hijo. ¿Normal?

Debido a que su mamá se enamora de él y deja de estar interesada en su papá, la existencia de Marty está en peligro. Con ayuda del Doc Brown, Marty debe lograr que sus padres se conozcan y se enamoren y después inventar tecnología de décadas posteriores con el fin de regresar a su época y dejar de ser acosado sexualmente por miembros de su familia. Y NO, ESTO NO ES NORMAL, POR FAVOR ALGUIEN EXPLÍQUEME POR QUÉ ÉSTA ES UNA PELÍCULA FAMILIAR.

EL JOVEN MANOS DE TIJERA

EDWARD SCISSORHANDS

—

El "mírame y no me toques" del romance de fin de siglo.

Esta pieza fílmica relata la trágica consecuencia de jugar Piedra, papel o tijeras sin supervisión adulta.

La primera representación de un hombre *darks* en la cultura popular: con la particularidad de que este personaje sí tenía razones para convertirse en miembro de dicha corriente de pensamiento.

La contribución más importante de la película al *zeitgeist* cultural fue el joven Johnny Depp, quien alcanzaría su máxima fama en los años 2000.

TERMINATOR 2: EL JUICIO FINAL
TERMINATOR 2: JUDGEMENT DAY

—

El T-800, también conocido como Arnol Washuwashu (o como se escriba), dijo que volvería y volvió.

Regresó para enseñarle a los años noventa que sí se pueden realizar secuelas aclamadas por la crítica; especialmente si invierten millones de dólares para revolucionar el campo de los efectos visuales. Porque, honestamente, nadie iba a aclamar la trama: ¿el T-800 se va a un retiro a Silicon Valley y regresa reprogramado para hacer el bien y con la intención de salvar la vida de Sarah Connor y su hijo, de la máquina asesina denominada T-1000? Sólo estaban buscando una excusa para tener no uno sino dos Terminator en una misma película, ¿verdad? Pues bien hecho porque sí les salió.

PARQUE JURÁSICO

JURASSIC PARK

—

Cuando el Apatosaurio todavía se llamaba Brontosaurio y no sabíamos que el Velocirraptor tenía plumas cual pato, Steven Spielberg hizo lo inimaginable: un mundo cinematográfico, completamente realista, que mezclaba la última tecnología visual con un guion que nos tuvo a todos al borde del asiento durante dos horas de lo que sólo podía ser descrito como, ahora sí, "dinosaurios en la vida real".

Spielberg no reparó en gastos. Con ayuda de la cueva de monedas de oro que le dejó *Indiana Jones*, reclutó a los mayores genios de la robótica y la animación por computadora para crear la película que por fin borró la línea entre el cine y la realidad. Todo se veía tan perfectamente realista que, aún si a algún crítico no le gustaba, tenía que aceptar que el cine comercial no volvería a ser el mismo. Desde entonces, todo se volvió una competencia por ver quién podía hacer la película más grande, realista e impresionante. Para fortuna de muchos, esa competencia la ganó James Cameron poco después con *Titanic* (y luego, de nuevo, con *Avatar* pero, para fines de este libro, finjamos que *Avatar* no existe).

GREMLINS

Ésta es la historia de un padre irresponsable (como el tuyo), el cual, desesperado por encontrar un regalo de Navidad para su hijo, convence a un tendero de Chinatown de venderle un animalito curioso. Esta criaturita no debe ser expuesta a la luz ni al agua ni ser alimentada después de la media noche. O sea, es como un niño de tres años. Sin embargo, todo lo que ocurre en la película pasa porque nunca nadie sigue las instrucciones. Los gremlins se multiplican, se convierten en malvados y se movilizan para destruir la ciudad en Nochebuena... así es, porque nada inspira destrucción como el nacimiento de Jesús nuestro Señor.

Gremlins es el ejemplo perfecto de cómo capturar la atención de una generación. La solución era sencilla: darle un papel estelar a unas criaturas de cruza humana con furby, antes de que existieran los Furbies. Tenían orejas grandes, ojos grandes y manitas... ¡¿YA VISTE ESAS MANITAS?!

Seamos realistas: la mitad de las personas que toleraron ir a ver la película al cine la aceptaron porque estas criaturitas ofrecen todo lo que prometen en el departamento de *cute*. Gizmo, incluso, llega a manejar un pequeño auto de control remoto para acabar con su hijo malvado en una especie de batalla de *Star Wars* invertida, donde el padre es el bueno y el hijo es el malo.

BEETLEJUICE: EL SUPERFANTASMA

BEETLEJUICE

¿A que no sabías que en español se llamaba "El superfantasma"?

Di su nombre tres veces y aparecerá para ayudarte a navegar la transición entre el mundo de los vivos y el de los no tan vivos, pero no podemos garantizar que no se vuelva una experiencia similar a la de estar en el estadio Universitario mientras pierden los Pumas.

Como su director, Tim Burton, *Beetlejuice* es entretenida pero posiblemente necesite una evaluación psiquiátrica. Es un *Los otros* en donde sale Winona Ryder en vez de Nicole Kidman; se cambia el suspenso por el doble sentido; y se agrega un Alec Baldwin. Porque, atención directores del futuro: nunca sobra un Alec Baldwin.

Originalmente escrita por Michael McDowell, el guion fue editado por Warren Skaaren para transformar a un Beetlejuice que era un fantasma cruel y asesino, en el que vimos en la pantalla. Gracias a ello nunca podrás escuchar "Banana Boat Song" (DEEEEY-O, DEE EE YO) de la misma manera y tampoco dejarás de decir las cosas tres veces para ver si se materializan (sándwich de helado, sándwich de helado, sándwich de helado).

Ah, y también gracias a esta película tenemos la confirmación de que el más allá es, básicamente, como una oficina del SAT.

LOLA LA TRAILERA

Rosa Gloria Chagoyán es Lola la trailera: lo ha sido desde 1983 y lo fue hasta la genial secuela de 1997, *Lola la trailera vs. El Chupacabras*. Ya te podrás imaginar el nivel de churro del que estamos hablando. Por eso hay casi pura película gringa en esta sección.

Lola es hija de un trailero, el cual se rehúsa a contrabandear drogas y eso le cuesta la vida. Tomando el lugar de su padre, Lola utiliza el trailer familiar para vengar su muerte y, como en toda película de la época, encontrar el amor en el camino (y algo más). Así como *Narcos* pero no en Netflix. Por cierto: Netflix, si estás leyendo ésto, tráenos a *Lola la trailera* en HD.

Lola se volvió un infame ícono del feminismo mexicano al romper las barreras de género en el campo laboral y, por supuesto, en el campo de la venganza. #FuertesYLuchonas.

ELISA ANTES DEL FIN DEL MUNDO

Elisa es una niña mexicana de nueve años que sabía, desde los noventa, lo que todos los mexicanos sabemos ahora: somos pobres, todo está mal y el mundo se va a acabar.

Con el pequeño Imanol y sus otros amigos, Elisa decide robar un banco para sacar a su familia de apuros: solución creativa, mexicana, moralina y más responsable que militar en la política o unirse al cartel, pero no lo intenten en sus casas. Ninguna de las opciones. No sean así. DEJEN DE BUSCAR EN INTERNET CÓMO SE ROBA UN BANCO.

En fin, tristemente, conforme avanza la historia, Elisa se da cuenta de que los apuros de su familia no eran sólo por dinero sino porque, insistimos, todo está mal y el mundo se va a acabar.

Sin embargo, el mundo no se acabó lo suficientemente rápido, ya que hoy contamos con el hito musical de Imanol titulado "Como canica".

LA RISA EN VACACIONES

¿Qué pasa si bailas con Paco?

Si con Paco no sientes nada, definitivamente conoces este intento de reality-cinema
nacional. Sus protagonistas iban por el país haciendo bromas al público y a ellos mismos mientras
fingían sorpresa (como los amigos de Ashton Kutcher).

Con ocho secuelas, fue una franquicia cinematográfica
mucho antes de que a Marvel se le ocurriera la película de
los Avengers. Porque sí, es casi casi lo mismo.

SEXO, PUDOR
Y LÁGRIMAS

WOM DERAM
DIRIDAM

Esta batalla de los sexos región 4 cuenta
con los tres elementos fundamentales del
cine mexicano de los noventa: un título ex-
plícito, un suicidio exagerado y un Bichir.

La película tuvo un éxito aceptable en
taquilla y ante la crítica. Sin embargo, gracias a su explosivo título, la cinta encontró
su verdadero peso cultural en el Dígalo con
mímica.

CUANDO HARRY CONOCIÓ A SALLY

WHEN HARRY MET SALLY

Antes del Facebook, de los celulares y de *Black Mirror*, Harry conoce a Sally dándole un aventón a la ciudad de Nueva York. Para los que no saben: un aventón es algo así como un Uber pero en arcaico, anticuado y GRATUITO.

Tras despedirse en un parque, las vidas de Sally y de Harry se separan... pero no por mucho tiempo.

La película retrata un antiguo y primitivo acto de cortejo en el que dos personas tenían que interactuar en persona y hacer planes por adelantado para verse a determinada hora en un determinado lugar. Y confiar que iban a llegar. ¿Puedes creer lo complicado que era el amor antes de los tiempos de Tinder?

Harry y Sally hicieron esto durante años, pretendiendo ser amigos. Uno podría decir que Harry fue el primer hombre en salir ileso de la *friendzone*, muchos años antes que Ron Weasley.

Otras de las virtudes de la película incluyen la experimentación con los roles de género, el establecimiento de la narrativa para televisión de los 2000 y la revolución de las reglas del *soft porn*. También hizo por Meg Ryan lo que *Agujetas de color de rosa* por Angélica Vale.

MI POBRE ANGELITO

HOME ALONE 1 Y 2

Antes de que Macaulay Culklin se volviera actor de culto, era sólo un niño inocente que pasaba los fines de semana en el rancho de Michael Jackson y protagonizaba la película navideña por defecto del Canal 5.

¿Por qué la llamaron *Mi pobre angelito*? Es uno de los misterios más grandes del doblaje nacional: la película se trataba de un niño olvidado por sus padres, defendiéndose solo, en su casa, contra dos ladrones, a través de una serie de trampas e ingeniosas armas improvisadas con objetos cotidianos. Era la película perfecta para los niños que nacieron antes de *Minecraft*.

Tuvo una secuela en Nueva York porque, por supuesto, todo lo que pegaba en los noventa tenía una secuela en Nueva York. En esta segunda parte conocimos a la icónica Señora loca de las palomas y pudimos ver a un joven Donald Trump hacer un cameo tan forzado como su estadía en la Casa Blanca.

Mi pobre angelito siempre viene acoplada en los DVD con *Mi primer beso*, la única otra película del pequeño Culkin que pegó y que todos recordamos. Han pasado más de veinte años del lanzamiento de este filme, pero si no sabes cómo acaba, simplemente no has... ¡CUIDADO, ABEJAS!

LOS LOCOS ADDAMS

THE ADDAMS FAMILY

La familia Addams primero llegó a nosotros por medio de una serie de televisión, pero tanta excentricidad no podía quedarse sólo en la pantalla chica, tenía que llegar al cine (o por lo menos al Canal 5).

Los noventa nos regalaron DOS películas sobre la familia Addams, las cuales nos enseñaron que no importa qué tan miserables sean tus navidades, podrían ser peor. Tu tío desaparecido pudo haber sido manipulado por una cazafortunas que quiere el dinero de tu papá psicópata y tu mamá sociópata; o sea, un día en la vida de una familia capitalina tradicional.

En fin, la verdad es que podemos imaginar un mundo en el que Gómez creció en Xochimilco y conoció a Morticia en la Roma. Luego se casaron y descubrieron que Gómez era heredero de una fortuna de familia de Santa Fe... se casaron y tuvieron hijos que fueron criados bajo los valores de la Buenos Aires. Cuando descubren que su tío había estado pretendiendo ser él mismo para robar su fortuna y se enamora de... esperen. Todo esto suena familiar. AHHH. *Los locos Addams* es copia de *María Mercedes*.

ABRACADABRA

HOCUS POCUS

—

Filme inspirado en el terror y en la desesperación humana: en el terror que sienten las mujeres ante la vejez y en la desesperación causada por la represión del deseo sexual.

Probablemente lo viste cuando eras niño. Y cuando eras adolescente. Y de adulto también. Una y otra y otra vez. Porque, apenas se acercaba el 31 de octubre, el Canal 5 entraba en una recurrencia temporal en la que única y exclusivamente transmitían esta película. (Algo así como *Karate Kid* pero para Halloween.) Y, aunque podrías haber cambiado el canal, seamos honestos: el escote de Carrie Bradshaw era suficiente excusa para verla una vez más.

EL REY LEÓN

THE LION KING

Mejor conocida como "yo también lloré cuando se murió Mufasa". *El rey león* cuenta lo que hubiera sucedido si *Hamlet* ocurriera en el reino animal y el guion fuera adaptado por un grupo de hombres blancos con shorts en California. O sea: Hollywood.

Parte historia épica, parte musical y parte anécdota de fiesta, la película aborda el ciclo de la vida desde la alegría de la infancia, la pérdida de la inocencia, el proceso del luto, el primer amor y la venganza. O sea, todo lo que se busca en una película para niños.

Pero no todo es lágrimas ni jabalís apestosos, *El rey león* nos regaló el #YOLO de los noventa: *Hakuna Matata*. Después de ver la película, todos queríamos caminar por la selva cantando a todo pulmón con nuestros amiguitos que comen insectos. Y pues quién se puede olvidar de Nala, la leoncita sorprendentemente atractiva para ser, ya sabes, un dibujo animado. Es posible que Nala sea el mejor papel femenino de los noventa, que deja a la mujer ser parte activa de la trama, aunque sea, ya sabes, un dibujo animado.

Desafortunadamente fue también el inicio de una franquicia tan rentable que ahora tenemos *El rey león II: el reino de Simba*, también conocida como *Romeo y Julieta* para niños; *El rey león III: Hakuna Matata*, también conocida como "¿qué?, ¿cuál?, ¿eso existe?"; y, ahora, *La guardia del león*, también conocida como la niñera oficial de los padres millennials.

JUMANJI

—

Palabra zulu que significa "muchos efectos" y título de la obra cinematográfica que nos hizo recobrar el gusto por los juegos de mesa y por las fantasías al azar. Sin embargo, quizás el título más adecuado para esta pieza fílmica habría sido una palabra zulu que signifique "el escritor e ilustrador del cuento infantil en el que se inspiró esta película es tan quisquilloso que se escribieron varias adaptaciones diferentes antes de comenzar el rodaje".

En fin, esta obra nos regaló una bonita representación de un mundo apocalíptico en el que, por un momento, en vez de que la ciudad conquiste la selva, es la selva la que conquista la ciudad.

TOY STORY

—

Walt Disney y Pixar combinaron pedazos de *Chucky, el muñeco diabólico* y partes de *Pinocho* para traer a la pantalla grande el primer largometraje completamente animado con efectos digitales: *Toy Story*.

Esta cinta relata el desarrollo de un bonito *bromance* protagonizado por dos juguetes, el emocional comisario Woody y el astronauta Buzz "Quiero ser un niño de verdad" Lightyear.

Aunque en principio iba a ser una trilogía en el 2014 Disney anunció que John Lasseter regresaría a dirigir *Toy Story 4*; la cual sólo podemos adivinar se va a tratar sobre ¿los hijos de Andy?, ¿la adolescencia de Bonnie?, ¿la identidad sexual de Ken?

En fin, esta icónica película cuenta con una canción igual de icónica por ser exasperantemente repetitiva, extremadamente pegajosa y un conciso resumen de la franquicia: ya todos sabemos que esos juguetes son amigos fieles; ya lo entendimos, gracias.

SPACE JAM:
EL JUEGO DEL SIGLO
SPACE JAM

———

Película estelarizada por Michael Jordan, Bill Murray y Larry Bird (también conocido como el único blanco que sabía jugar basquetbol). Ah, y los Looney Tunes.

Filme debut de Lola Bunny, razón por la cual nuestra relación con los animales nunca fue la misma (bueno, después de Nala).

Obra cinematográfica que presentó a los Monstars: equipo que, a pesar de haber robado el talento de Charles Barkley, Shawn Bradley, Patrick Ewing, Larry Johnson y Muggsy Bogues, no ha logrado llegar a una final de campeonato otra vez.

EL SILENCIO
DE LOS INOCENTES

THE SILENCE OF THE LAMBS

—

¿Alguna vez te has preguntado de dónde viene el éxito de *CSI*, *Criminal Minds* y el *remake* colombiano de *Breaking Bad*, *Metástasis*? La respuesta la encontrarás en *El silencio de los inocentes*.

Esta película nos comprueba que somos bien masoquistas. Por esto la gente disfruta ver y ser aterrorizada por Anthony Hopkins como Hannibal Lecter, el sociópata que ayuda a Jodie Foster a encarcelar a Buffalo Bill. Es como irle al Cruz Azul: pura necedad.

La cosa es que, a diferencia de la escuadra cementera, *El silencio de los inocentes* emociona hasta a la mente más cínica. Cuando te das cuenta, la magistral dirección y las actuaciones de la cinta te pusieron los pelos de punta, incluso si la ves el domingo por la noche en televisión abierta mientras esperas que tu mamá regrese de la papelería con tus laminitas de los niños héroes. Es más, da miedo aunque la veas con comerciales.

Pocas historias tocan tantas fibras como esta película. Y pocas historias nos dan tanta risa al ser traducidas al español (los españoles se nos pusieron muy literales al llamarla *El silencio de los corderos*).

La cinta pasó a la historia por ser una de las tres películas en ganar el perfecto quinteto de premios Oscar: Mejor Película, Mejor Director, Mejor Actriz, Mejor Actor y Mejor Guion (adaptado). No, las otras dos no aparecen en este almanaque. Y ya es hora de aceptar que el *remake* colombiano de *Breaking Bad*, *Metástasis*, no fue un éxito, pero a estas alturas del texto ya se te había olvidado siquiera que existe.

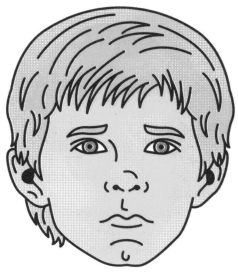

SEXTO SENTIDO

THE SIXTH SENSE

No, no es lo mismo que *El quinto elemento*.

No, tampoco es el sentido que tu novia dice poseer y que, según ella, le permite saber cuándo le estás mintiendo; sólo eres muy malo mintiendo y seguro dejaste el celular desbloqueado cuando fuiste al baño.

Hay dos tipos de personas que ven *Sexto sentido*: quienes están viendo la película y quienes están viendo la cara de los que están viendo la película.

De Bruce Willis podíamos esperar cualquier cosa pero, en ese entonces, no sabíamos muy bien qué esperar del coescritor de *Stuart Little*, M. Night Shyamalan. Para su tercera película ya cualquiera se da cuenta de qué pie cojea pero algunas personas seguimos aceptándolo tal cual es porque hemos llegado a tomarle cariño.

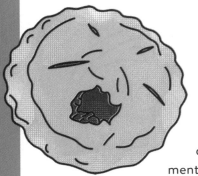

AMERICAN PIE

Todos sabemos qué es ese hueco en el pay de la portada pero nadie lo dice porque es de mal gusto. ¿Tenemos que decirlo? No, no lo diremos. Principalmente por restricciones legales. En caso de que no sepas de qué estamos hablando, tendrías que ver la película.

Pero cuidado: podemos confirmar que este filme es de esos en los que "tuviste que haber estado ahí" y probablemente no sea tan gracioso hoy en día como lo fue en su momento (síndrome compartido por *Porky's*, *¿Y dónde está el piloto?* y *Una película de miedo*).

SCARY MOVIE: UNA PELÍCULA DE MIEDO

SCARY MOVIE

Razón por la cual millones de jóvenes dejaron de comprender las particularidades del plagio.

Aun siendo un parteaguas en la mezcla de comedia y horror, aun siendo la responsable de la carrera de Anna Faris... por siempre será identificada por su ambigua postura ante el incesto.

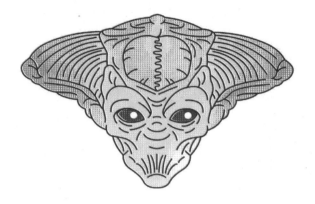

DÍA DE LA INDEPENDENCIA
INDEPENDENCE DAY

—

"...y luego llegó Will Smith y salvó el mundo": con esta frase se pueden resumir la mitad de los éxitos de taquilla de los años noventa.

Aliens, explosiones y comedia; ID4 (como salía en los comerciales) fue la barra de medición del cine de espectáculo, después refinada por Michael Bay.

La Casa Blanca explotando se volvió una de las imágenes más sorprendentes y memorables del cine de final del milenio. También estableció a Will Smith como el héroe de acción mejor pagado de la historia y a Jeff Goldblum como el tipo que sale en absolutamente todas las películas que has visto en los últimos veinte años.

EL QUINTO ELEMENTO
LE CINQUIÈME ÉLÉMENT

—

Dato poco conocido sobre esta película: es francesa.

La dirige un tal Luc Besson y, como buena película francesa, trata sobre todo: ciencia ficción, acción, comedia, Milla Jovovich en paños menores, Bruce Willis actuando de hombre macho sudado que acompaña y protege a la morra que cayó en el taxi desde el cielo.

MATRIX

Pieza cinematográfica que comenzó lo que se convertiría en una de las obras maestras de la narrativa transmediática.

A través de *Matrix*, los entonces hermanos Wachowski, ahora hermanas, visitaron una amplia gama de temas: humanos vs. máquinas; píldora roja vs. píldora azul; orden vs. caos; destino vs. libre albedrío; entre otros. Y, al visitar estos temas, lo hicieron acompañados de una dirección excepcional, un guion espectacularmente cuidado, una serie de revolucionarios efectos especiales, una Carrie-Anne Moss disfrazada en cuero y un final de *Blancanieves* en *Opposite Day*.

En los rincones del internet y en cierto hilo de Reddit se ha especulado que este filme de ciencia ficción es más un documental que una película de ciencia ficción. Esperamos que no sea el caso, porque ¿qué clase de inteligencia artificial decidiría simular una Tierra que no sea la 616, un complejo con clósets que no esté relacionado con Narnia o un Reino Unido sin Hogwarts?

TITANIC

Largometraje musical producido especialmente para Céline Dion y protagonizado por Leo DiCaprio y Kate Winslet.

Durante años ha logrado engañar al Canal 5, quienes encuentran mucho placer en reproducir el video musical como presentación especial de los domingos por la noche.

Con el paso de los años su importancia artística ha sido opacada por las particularidades geométricas y espaciales que su desenlace ha provocado.

EL CLUB DE LA PELEA
FIGHT CLUB

No podemos hablar del club de la pelea.

TELEVISIÓN

Antes de que los celulares se convirtieran en televisiones portátiles, antes de que tuvieras que pagar mensualidades para ver tus novelas en línea, antes de que Netflix te permitiera hacer un maratón de 24 horas de *Friends*... el consumo mediático se realizaba a través de una simple televisión. Como bestias salvajes que éramos, dependíamos del humor y la creatividad de los productores y programadores del Canal de las Estrellas, de TV Azteca, del Canal 5 y de MTV Latino para enajenarnos.

¿Cuántas veces la televisión fue más niñera que objeto? ¿Cuánto aprendimos de las telenovelas, de las noticias, de los programas de variedad y de las series importadas? ¿Cuántas temporadas hay de *Los Simpson*? ¿Cuántas hectáreas medía el campo de futbol de *Los supercampeones*? ¿Cuántos niveles de Saiyajin podemos tolerar? La respuesta a todo esto es, recuerda, más de 9 000.

En 1990 salió al aire ese programa con aliens, mutantes y/o robots que tenía un mensaje sobre la amistad, el trabajo en equipo y/o el cuidado del medio ambiente. ¿De cuál estamos hablando? Ése es el gran misterio de la TV noventera, porque antes de eso nos llegaba pura telebasura local, comedias antiguas y animaciones soviéticas... a menos que tuvieras un amigo rico con antena parabólica.

Dado que México importó de Estados Unidos mucha de su cultura mediática, tuvimos *Scooby Doo*, *Los Simpson* y *El príncipe del rap* en nuestras televisiones. Y dado que Estados Unidos, a su vez, importó de Japón mucha de su cultura mediática, tuvimos *Los supercampeones*, *Los caballeros del zodiaco* y *Sailor Moon*.

Por otro lado, y nunca olvidemos: en #México tuvimos y probablemente siempre tendremos *En familia con Chabelo*. Si de algo cuenta, eso nadie más puede presumirlo.

EN FAMILIA
CON CHABELO

Pocas figuras han alcanzado el verdadero estrellato en la constelación familiar mexicana como *En familia con Chabelo*.

Con más de treinta años, vistiendo de overol, portando una gorra hacia atrás y hablando con la dulce voz de un paciente con cáncer de garganta, Xavier López Rodríguez se convirtió en nuestro Mumm-Ra El inmortal, pero en bueno.

Guía espiritual de miles de niños mexicanos y maestro que nos enseñó que los cuates también pueden venir de provincia. El Chuck Norris de la cultura pop mexicana que, con su programa, respondía la centenaria pregunta: "¿Qué hago con los niños la mañana del domingo?". La niñera que ningún padre se quiso desayunar, pero con la que todos estaban agradecidos.

Con Chabelo entendimos que detrás de la primera cortina siempre había comida, detrás de la segunda cortina siempre había una bicicleta y detrás de la tercera cortina siempre había muebles. Y *En familia* aprendimos que la vida es una catafixia: en un minuto puedes perderlo todo o cambiarlo por algún producto de Muebles Troncoso.

SÁBADO GIGANTE

CON DON FRANCISCO

El cantinfleo de la televisión hispano-americana. La W del WTF de los programas de variedad. Una niñera para la tercera edad; o sea, el Chabelo de los abuelitos raboverde.

Sábado gigante: donde lo único verdaderamente gigante era la seguridad de Don Francisco, el MC que, en pleno auge de la delgadez, intentó ser cómico y pionero en el movimiento de amarse en la propia piel.

Este programa de variedad vespertino incluía juegos, actos musicales y, por razones completamente ilógicas, un chacal. Su popularidad dependía casi por completo de un público mayor de sesenta años, residente en Miami o que quería creer que estaba en Miami. Dado este auge entre los viejos, múltiples generaciones fueron forzadas a ver el programa cuando visitaban la casa de sus abuelos.

CORRE GC CORRE

Éste era un juego de trivia conducido por Talina Fernández y el gato GC, la mascota del Canal 5, en versión botarga.

Uno de los mayores atractivos del programa es que invitaban a concursar a alumnos reales de varias escuelas del país.

Por ello, cuando ganaba La ignorancia (un personaje ficticio dentro del programa), literalmente estaba ganando la ignorancia, la de México, en la vida real.

24 HORAS

CON JACOBO ZABLUDOVSKY

El programa que se queda en familia.

El FOX & Friends del gobierno mexicano de finales del siglo XX.

El abuelito de las *fake news*.

Durante 27 años, Jacobo Zabludovsky se dedicó a conducir el primer informativo de televisión que fue producido con un equipo de noticias propio. O sea, a diferencia de *El Pulso de la República*, este informativo no recurría a notas de periódico.

El primer noticiero por Televisa y de Televisa para México y el mundo. Si bien esto debió ser una gran luz roja, no detuvo al equipo de redacción de enmarcar las noticias de México y del mundo en favor de quien firma los cheques. Los posibles efectos negativos que esto pudiera traer tampoco los detuvo. Y qué mejor bastión para promover esas noticias que un señor güero de lentes gigantes, poco cabello, frente amplia y vestido de traje; después de todo, éste era el prototipo de persona que la escuela, la familia y la televisión decían que era de fiar.

LA CARABINA DE AMBROSIO

Nuestro *Saturday Night Live*, pero con Chabelo.

Este programa de *sketches* estuvo una década en El canal de las estrellas y en efecto, al principio incluía estrellas como César Costa, Benito Castro, El Tata y Xavier López. Conforme pasaron las temporadas, el *cast* cambió para incluir a personajes como Paco Stanley, Luis de Alba y Maribel Fernández "La Pelangocha".

Precaución: para quien tenga curiosidad de verlo en YouTube... este programa puede ser considerado como una precuela de *La escuelita*. Lo dejamos a su discreción.

AL DERECHO Y AL DERBEZ

Como su título, este programa de comedia familiar dependía preponderantemente de juegos de palabras, dobles sentidos, pelucas y de un Eugenio Derbez histriónico. En otras palabras, esta obra televisiva era México.

Debido a que Televisa ya sabía que una de las principales aportaciones de la televisión mexicana sería proveer materia prima de la cual burlarse, *Al derecho y al Derbez* se adelantó parodiando a Walter Mercado y los programas de videos de humor con Julio Esteban y el Diablito, respectivamente.

LOS SIMPSON
THE SIMPSONS

Contrapunto emocional y *comic relief* de las situaciones surreales de la cotidianidad. Cuando la realidad supera a la ficción, ya hay un capítulo de *Los Simpson* sobre qué hacer al respecto. Residentes de la tierra mágica, fértil e inexistente de Springfield (o sea, un Springfield que no es ninguno de los 49 Springfields que sí existen en Estados Unidos y sus Islas Vírgenes), los Simpson inspiraron a más de una generación de escritores críticos y comediantes satíricos. Los abuelitos intelectuales de *Futurama, Family Guy, American Dad!* y *BoJack Horseman* pusieron de moda el color de piel "Sí, tengo Hepatitis B" #YellowIsTheNewWhite. Aunque se dice que la verdadera razón detrás de ese exquisitísimo pantone es el resultado de que los personajes fueron dibujados en un bloc de notas amarillo minutos antes de la junta con los productores. Matt Groening: mexicano honorario por el "determiné una década de cultura popular por hacer la tarea en lo que el profesor pasaba a recogerla".

Más allá de Homero, Marge, Bart, Lisa y Maggie, *Los Simpson* también nos regalaron personajes como el señor Burns, héroe personal de la familia Duarte, y el jefe Wiggum, modelo a seguir de la mayoría de los burócratas de la Policía General de la República.

Si no has visto *Los Simpson* y tienes más de treinta años, por favor, acude a tu Mixup más cercano, compra todas las temporadas en DVD y velas antes de terminar este libro. El último capítulo de este libro es un examen y, si no lo apruebas, hay tabla. Si no has visto *Los Simpson* y tienes menos de treinta años y sigues leyendo este libro, no sé, *torrentéalas* o *streaméalas* o algo. Es por tu bien.

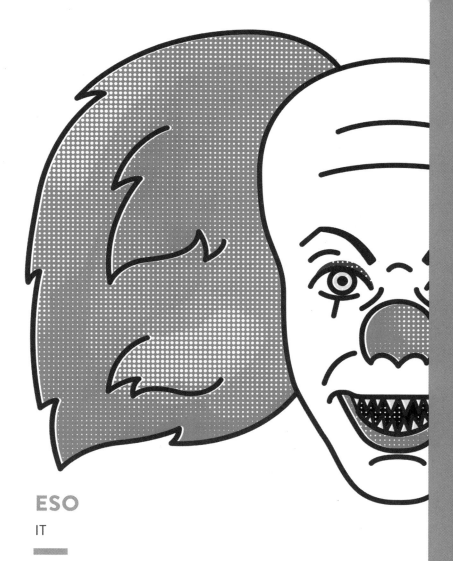

ESO

IT

Pieza televisiva responsable de herir mental y emocionalmente a toda una generación. Y la culpable de la recesión del negocio de payaso durante los primeros años de la década de los noventa. ¿O qué?, ¿a poco recuerdas payasos verdaderamente graciosos en tus fiestas?

Eso no es Pennywise, el payaso; ni es una araña: es, al más puro estilo lovecraftiano, todas las malditas pesadillas.

LOS GRANDES MISTERIOS DEL TERCER MILENIO

CON JAIME MAUSSAN

—

Serie documental sobre *OGNIs* que abordaba el tema de los encuentros extraterrestres con la misma seriedad que una telenovela protagonizada por Daniela Romo. En otras palabras, una obra maestra de la televisión mexicana.

Después del éxito de esta serie, y esto no es broma, Jaime Maussan abrió un restaurante de carnes que quebró al poco tiempo. Cómo hacer que un restaurante sea exitoso y rentable es el único misterio que nuestra estrella mexicana con nombre de chofer de niña rica poblana no ha logrado resolver. Lo que sí ha logrado es que su serie aparezca en todos lados... hasta en Netflix.

MUJER, CASOS DE LA VIDA REAL
CON SILVIA PINAL

Serie producida y transmitida por Televisa. Plataforma que abordó temáticas que, en ese momento, eran tradicionalmente silenciadas: violencia doméstica, violencia sexual, incesto, abuso infantil, el VIH, etcétera. En los años noventa, Silvia Pinal hacía por la mujer mexicana promedio lo que hoy hacen los hashtags de Twitter: la hacía sentir escuchada, comprendida y parte de una comunidad. Responsable del meme mexicano "acompáñame a ver esta triste historia".

Lo que comenzó como una suerte del Canal 5 al servicio de la comunidad en el que se relataban historias sobre desapariciones y secuestros con el fin de pedir ayuda al espectador, se convirtió en un programa documental estilo National Geographic sobre la vida cotidiana nacional.

Culpable de regalarle a las televisoras mexicanas un formato tan exitoso que ahora contamos con *Lo que callamos las mujeres*, *La vida es una canción*, *Como dice el dicho*, *La rosa de Guadalupe* y debates presidenciales.

Advertencia: Silvia Pinal fue invitada a ser miembro de la Academia; o sea, puede votar para los Oscar. Nomás para que cheques el nivel.

LA TRILOGÍA DE LAS MARÍAS

MARÍA MERCEDES

El dios padre de la santísima trinidad de las Thalías.

Con esta obra, Thalía continúa desarrollando su CV artístico: lo que había comenzado como cantante infantil en *Din-Din* y se había consolidado con el grupo juvenil Timbiriche, ahora se convertía en actuación; muy a pesar de la misma actuación.

María Mercedes es una proyección de los deseos más profundos del inconsciente colectivo mexicano: volverse rico sin tener que trabajar.

MARIMAR

Si producir una pieza serial televisiva cuyo papel protagónico era el de una mujer pobre y trabajadora no fue suficientemente clasista, el mexicanísimo espíritu santo de Thalía nos trajo una María analfabeta... o sea, una María cualquiera.

Al final de esta telenovela se descubre que Marimar realmente se llama Bella porque ya no es pobre, ni trabajadora, ni analfabeta. Es aquí donde Televisa se desenmascara como el villano que verdaderamente es: una mala copia en región 4 de Walt Disney.

MARÍA LA DEL BARRIO

Esta obra maestra de la televisión mexicana nos regaló una de las frases más célebres de Soraya Montenegro, la cual posteriormente se convertiría en uno de los memes mexicanos más exportados: ¡MALDITA LISIADA!

En la última entrega de las Marías, Thalía tiene que enfrentarse a la discriminación lingüística, al abuso físico y al abuso verbal: ¡MALDITA LISIADA! fue acompañado por frases como ¡ESCUINCLA BABOSA!, ¡QUÍTESE, VIEJA ZORRA!, ¡SEÑORA, LA GATA ÉSA! y otros especímenes parecidos a los que ahora abundan en Twitter a cualquier hora, en cualquier momento y por cualquier atisbo de posible opinión.

Al final de esta trilogía es preciso reconocerle a Thalía haber mejorado el *branding* de la virgen de Guadalupe en Perú, ser la única mujer capaz de interferir en los horarios del Ramadán en Costa de Marfil y aumentar el número de personas con su nombre en Filipinas.

VENTANEANDO
CON PATI CHAPOY

—

Ventaneando con Pati Chapoy fue el *24 Horas* con Jacobo Zabludovsky para las amas de casa de poca educación. Porque no era suficiente tener *literatura* de calidad como *TVyNovelas* o *TVNotas*, TV Azteca decidió lanzar un programa que cubriera las noticias (o sea, chismes) más candentes del mundo de la farándula y del espectáculo.

Hoy es un programa de infomerciales acompañado del ocasional chisme.

Posiblemente la peor, ¿o la mejor?, publicidad que pudo haber pagado Hellmann's.

GUARDIANES DE LA BAHÍA

BAYWATCH

—

Y, de pronto *flash*, la chica del traje de baño rojo corriendo en cámara lenta.

Guardianes de la bahía fue un éxito noventero que jugaba con la imaginación de miles de personas. Tal como lo viste en la película de Zac Efron, la serie trataba de un grupo de salvavidas que se enfrentaba a los peligros de la vida en el mar de California.

La serie fue cancelada después de su primera temporada en NBC pero David Hasselhoff vio el potencial en el contenido y decidió traerla de vuelta mediante la sindicación. Con Pamela Anderson y Alexandra Paul el traje de baño rojo se convirtió en objeto de deseo de adolescentes por todo el mundo, algo así como el traje de esclava de la princesa Leia para la siguiente generación de nerds.

Su complejidad narrativa fue la misma que la de una telenovela de Juan Osorio, pero con trajes de baño rojos. Y cualquier crítica que podamos encontrar (que son muchas) va a ser desbancada por, adivinaste, trajes de baño rojos. Y es que no pueden haber tantos asesinos seriales en California pero #TrajesDeBañoRojos.

Gracias al genio y determinación de Hasselhoff (ya sé, nunca habías relacionado esos adjetivos con él), la serie estuvo en el aire durante once temporadas. Los 242 capítulos fueron transmitidos por el Canal 5. Y sí, esos son un montón de trajes de baño rojos.

Fue tan popular y se convirtió en tal referente cultural que, como todo en Hollywood, intentaron darle un segundo aire mediante *spin-offs* y películas, la más reciente protagonizada por The Rock. Y mira, describirla requeriría otro libro, pero si algo nos dejó claro es que quizá sí sea hora de que Dwayne Johnson considere la política.

TRES POR TRES
FULL HOUSE

—

Narra la historia de la primera comuna poliamorosa en ser retratada en televisión nacional. Claro que en ese momento no pudimos procesarla de ese modo; quizás ahora tampoco.

La historia discurre en San Francisco (¿dónde más?). A pesar de que la audiencia principal de esta serie tenía que hacer calistenia moral para aceptar la premisa cómica, nadie podía resistirse a Michelle Tanner, la pequeña representada por Mary-Kate y Ashley Olsen.

Esta serie marcó el debut y triunfo de las gemelas, condenando su futuro a intentar verse distintas. Según un respetado académico inglés, las gemelas Olsen son una misma persona cambiándose de lugar a una velocidad extraordinariamente rápida e imperceptible para el ojo humano. Tal vez todo es una conspiración y el nuevo orden mundial nos está ocultando la verdad. Seguiremos investigando.

LA NIÑERA
THE NANNY

—

Serie norteamericana en la que una vendedora de cosméticos es contratada como la niñera de un importante productor de Broadway, quien termina enamorándose de ella.

No debe confundirse con *La novicia rebelde*, las telenovelas de Juan Osorio o la vida de Ben Affleck.

FRIENDS

Serie de *ciencia ficción* en la que seis amigos (que también son vecinos y, en algunos casos, parientes) logran mantener un balance entre trabajo, amistades, familia y vida romántica en sus veintes y treintas.

Una de las preguntas principales de esta serie era si Ross y Rachel realmente estaban en un *break* y, más importante, ¿cómo le hacían para trabajar tan poco y además pagarse esos departamentos en Nueva York?

EMERGENCIAS
ER

Doctores, George Clooney y 15 temporadas de 23 episodios cada una.

Precursor de *Grey's Anatomy*, esta serie nos demuestra que no importa qué tan compleja e intrigante sea la trama, una serie siempre será recordada por los actores guapos que logres o no contratar.

MTV LATINO

—

La novedad de que saliera un MTV en español era que por fin la generación X tuvo acceso (con cinco años de retraso) a Kurt Cobain, Marilyn Manson y toda la onda *darks*.

En 1994 todo cambió cuando el canal empezó a poner en su rotación videos de bandas nacionales como Café Tacvba, Molotov, Control Machete y Plastilina Mosh. Al mismo tiempo conocimos lo que estaba pasando en el mundo de la música en toda Latinoamérica. Y todo mientras Ricky Martin le daba la vuelta al mundo con "Livin' la Vida Loca".

Este canal fue el epicentro del boom latino, que mezclaba bandas del *underground* local con superestrellas del pop internacional, creando un ejército de fans cuya única ocupación en la vida era cambiar de MTV a Telehit para ver en cuál estaban pasando *Voto Latino* o en cuál salía bailando Lyn May.

BEAVIS Y BUTT-HEAD

La caricatura *Beavis y Butt-Head* era casi un *reality show* juvenil que seguía de cerca la vida de dos adolescentes viendo videos musicales y soltando comentarios idiotas. En otras palabras: eran las Kardashian de la juventud noventera... excepto por el hecho de que Beavis y Butt-Head eran personajes ficticios que reconocían su propia ridiculez y tuvieron la sensatez de no tener hijos, ni llamarlos como puntos cardinales.

Si bien no eran los roles adultos y maduros que necesitábamos, eran los roles insolentes y despreocupados que buscábamos.

DARIA

Serie animada protagonizada por la chica sarcástica que salía en *Beavis y Butt-Head*. También guía audiovisual para el adolescente inconforme de los años noventa.

Si fuiste adolescente dariano es posible que te identifiques con alguna de las siguientes aseveraciones:

a) Si eras hombre, estabas enamorado de Daria.
b) Si eras mujer, querías ser como Daria.
c) Todas las anteriores.
d) Ninguna y estás automáticamente exento de este examen psicológico.

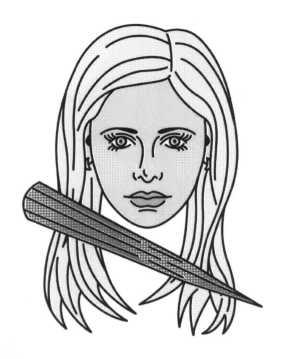

BUFFY, LA CAZAVAMPIROS

BUFFY THE VAMPIRE SLAYER

———

Buffy: el *Supernatural* para las morras de los años noventa y, también, el *Vampire Diaries* para los morros de los años noventa.

Esta serie televisiva nos trajo a una joven que, acompañada por su grupo de amigos y vestida de minifalda, mataba vampiros y demonios. Muestra clara de que los noventa fueron la mejor década para la representación de ciertas minorías, llámense mujeres o vampiros. Todo esto termina con la premiere de *Twilight*.

SABRINA, LA BRUJA ADOLESCENTE

SABRINA, THE TEENAGE WITCH

Serie *documental* que sigue los pasos y la vida de una joven bruja, Sabrina ~~Sabrok~~ Spellman, Sabrina Spellman.

Mientras Harry Potter andaba utilizando la capa de invisibilidad de Ignotus Peverell para ir a Hogsmeade con sus amigos o a la sección prohibida de la biblioteca de Hogwarts, Sabrina utilizaba su magia para ayudar a sus amigos a ser menos tímidos o a ser más inteligentes o a cumplir sus sueños. La mayoría de estos intentos fracasaban estrepitosamente y el capítulo concluía con alguna moraleja. O sea, eran los años noventa: eso de las series de televisión moralinas estaba tan de moda como hoy lo está el *in media res*... también conocido como el "MIRA, UN PEDACITO DEL CLÍMAX... ahora vamos a pasar veinticuatro episodios contándote cómo llegamos ahí".

Cabe mencionar que Sabrina también utilizaba su magia para parar el tiempo y hacer la tarea a la mitad del pasillo de la escuela porque, bueno, lo bruja no quita lo adolescente.

Sabrina, a diferencia de Clarissa, no lo explica todo: si la segunda y la tercera temporada tratan sobre el segundo año de preparatoria de Sabrina, ¿por qué hay dos episodios de Halloween y dos episodios de Navidad?, ¿qué pasó con Dreama?, ¿y Miles?, ¿por qué Salem Saberhagen no ha conquistado el mundo o se ha vuelto millonario?

HANNA-BARBERA

Trivia: ¿sabes por qué el Oso Yogi tiene corbata? Por la misma razón por la que los Picapiedra corren sin mover los brazos: problemas de dinero. Era más fácil y barato animar sólo la cabeza o el cuerpo de un personaje sin tener que contratar a un animador que pasara dos semanas dibujando tres segundos de película de Disney.

Hanna-Barbera fue un estudio que empezó a hacer caricaturas en 1957 que siguieron pasando en la televisión nacional hasta mediados de los noventa. ¿La razón? Exacto. Problemas de dinero. Éxitos americanos de antaño como *Don Gato* y *Tiro Loco* eran tan viejos que Televisa podía pagar los derechos de transmisión sin mayor problema, haciendo creer a una generación entera que estaba viendo caricaturas nuevas. También hay que mencionar que *Don Gato y su pandilla* fue la primera caricatura en darle plataforma a un personaje yucateco; si eso no es inclusión, no sabemos qué lo sea.

Si bien al ojo moderno estas maravillas arqueológicas le pueden parecer un poco sosas (gracias, Pixar), no hay que olvidar que, como todo en la vida, lo *vintage* siempre regresa. No te sorprendas cuando un grupo de hipsters empiece a poner *Los Picapiedra* como fondo de su fiesta de vinos africanos o, peor aún, llamen Benito Bodoque a su primogénito. Ya pues, no estamos aquí para juzgar.

El mayor éxito para los chavorrucos actuales fue *Los Supersónicos conocen a los Picapiedra*; una película que jugaba con el concepto de viaje en el tiempo tan irresponsablemente que acabó con toda una era de animación, después retomada por los *Tiny Toons* y compañía.

PLAZA SÉSAMO
SESAME STREET

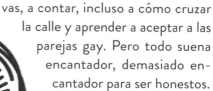

Plaza Sésamo llegó a salvar a los padres modernos. Después de décadas de tener que educar a sus hijos, las marionetas de Jim Henson les abrieron el camino para enfocarse íntegramente en sí mismos, su yoga y sus cuarzos de meditación. En pocas palabras, para muchos, Archibaldo, Elmo y el Conde Contar fueron más influyentes en su educación que la mismísima Secretaría de Educación Pública.

Todas las mañanas (y se repetía en las tardes) un grupo de títeres le enseñaba a los niños palabras nuevas, a contar, incluso a cómo cruzar la calle y aprender a aceptar a las parejas gay. Pero todo suena encantador, demasiado encantador para ser honestos.

LOS SUPERCAMPEONES
CAPTAIN TSUBASA

Anime en el que un gol tomaba, al menos, cuatro capítulos y los personajes principales podían correr hasta treinta minutos sin llegar a la mitad del campo.

Aunque esta serie de *suspenso* no fue producida en México, sí abordaba las fibras más íntimas del deseo y de la frustración de cualquier niño mexicano: querer que México gane el Mundial y saber que no sucederá.

No, Oliver no despierta en una cama de hospital para darse cuenta de que está paralítico. Pero sí, su mejor amigo es el balón.

Si no conoces la franquicia, las palabras clave para Google son: el tiro de remate de Oliver Atton; el tiro dual con Tom Misaki; el corazón de Andy y el partido que inspiró al Zombie de *Club de Cuervos*; la dupla de Steve Hyuga y Richard Tex Tex, que inspiró los *kaijus* de Guillermo del Toro; la jaula de pájaro; los hermanos Koriotto; Roberto Sedinho, quien inspiró a una generación de niños a llevar un balón entre los pies a todos lados.

LAS TORTUGAS NINJA

TEENAGE MUTANT NINJA TURTLES

Un deshonrado ninja vive en las alcantarillas de Nueva York y, tras tener contacto con una sustancia aparentemente radioactiva, se convierte en un ratón humanoide con educación ninja (casual). Cuatro tortugas, tras tener contacto con la misma sustancia, se convierten en reptiles humanoides con acceso a tecnología de punta y al mencionado maestro ninja. Quizás no sea el intercambio más justo que hayamos visto en la televisión de los noventa. Sin embargo, bueno, había pizza por todos lados.

Esta caricatura nos enseñó que todo lo que puede hacer una tortuga ninja también lo puede hacer una chica en tacones determinada a llevar la nota a su canal de noticias. April O'Neil hacía equipo con Leonardo, Rafael, Miguel Ángel y Donatello para derrotar al mal y defender la verdad.

Estas cómicas y heroicas tortugas combatían a un rinoceronte y a un jabalí, también humanoides, que fungían como guaruras de uno de los villanos más entrañables de esta historia: Shredder, un mulato coreano con garras de Wolverine y casco de metal; la cúspide de la maldad.

HE-MAN Y LOS AMOS DEL UNIVERSO

HE-MAN AND THE MASTERS
OF THE UNIVERSE

Drama de acción ubicado en el reino mágico de Eternia, donde abundaban superhéroes de personalidades extravagantes, poca ropa y demasiados músculos.

Esta pieza de televisión infantil nos regaló la representación de un joven con trastorno de bi masculinidad tipo K (sí, sí nos estamos inventando esto). Mientras el príncipe Adam era el estereotipo de *beefcake*, su alterego ultramacho He-Man compensaba su honguito (su peinado de honguito) con múscu-los sobre músculos, un calzón revelador y un gran dientes de sable. Convertir a un tigre cobarde en un gran dientes de sable es el equivalente ficticio de comprar un Lamborghini alrededor de las mismas fechas en las que el doctor prescribe la píldora azul.

En principio, *Los amos del universo* era una línea de figuras de acción que, con la finalidad de potenciar sus ventas, decidió construir un universo extendido de personajes, dándole vida a la serie televisiva *He-Man y los amos del universo*. Algo así como lo que hizo Kate del Castillo con *Cuando conocí al Chapo* pero con menos tequila y un poco más de clase.

THUNDERCATS: LOS FELINOS CÓSMICOS

THUNDERCATS

Si uno tomaba la calle de He-Man, caminaba tres cuadras y doblaba a la derecha en la tiendita de la esquina, se encontraba con los amistosos vecinos Thundercats, los cuales posiblemente son una suerte de sueño erótico de alguna señora de los gatos.

Estos héroes, que no terminaban de decidir si eran felinos o humanos, luchaban contra mutantes y antiguos espíritus del mal.

Aceptamos esta vez que *Felinos cósmicos* suena mucho mejor que *Los gatos trueno*. Sin embargo, el nombre oficial, *Thundercats*, es como se le conoce en todas partes.

En su primera temporada, la voz de Leon-O, pocos saben, la hizo el ahora payaso/periodista Víctor Trujillo (en uno de sus primeros trabajos en la televisión).

OSITOS CARIÑOSITOS

CARE BEARS

———

Los ositos cariñositos viven en el lejano mundo de Quiéreme mucho y viajan con la misión de llevar el amor y la armonía por el planeta; mientras, villanos como Sin corazón y el Señor bestia tratan de impedir sus planes. Algo así como vivir en Villahermosa.

Y, bueno, qué se puede decir del plagio que estos osos sufrieron por parte de López Obrador, quien en el 2012 y en el 2018 se postuló como presidenciable sobre una plataforma de amor.

TELETUBBIES

———

Adaptación de los *Power Rangers* para infantes; también utilizada para engendrar un culto creyente de los aliens.

¿Otra vez? ¿Otra vez, sol bebé?

Adaptación de los *Power Rangers* para infantes; también utilizada para engendrar un culto creyente de los aliens.

¿VEN CÓMO NO ES DIVERTIDO LA SEGUNDA VEZ?

LOS CABALLEROS DEL ZODIACO

SAINT SEIYA

Dame tu fuerza, Pegaso.

Con primeros planos dramáticos, largos monólogos internos, música melodramática y diálogos teatrales, *Los caballeros del Zodiaco* fue la mejor telenovela animada para niños. Este anime entrega lo que su título promete: caballeros. Caballeros que verdaderamente practican la equidad de género aniquilando a sus adversarios, fueran hombres o mujeres, por igual.

Por alguna extraña razón, los caballeros obtenían mayor fuerza al gritar el nombre de su *patronus* o anunciar con antelación sus ataques mientras hacían su danza feliz. Porque es una excelente táctica decirle con un minuto de antelación a tu adversario exactamente dónde y cómo le pretendes pegar.

SAILOR MOON

PRETTY SOLDIER SAILOR MOON

Los caballeros del Zodiaco para niñas: para que ellas también sepan que pueden ser mujeres independientes y luchonas.

Este anime contaba la historia de un grupo de amigas que constantemente estaban salvando el mundo, en minifalda y tacones, una ridícula exclamación a la vez. "¡Por el poder del prisma lunar!" era la infalible señal de que Usagi Tsukino estaba por convertirse en Sailor Moon, a través de una breve secuencia de *soft porn*, para enfrentar al *mini boss* en cuestión.

Esta serie nos regaló joyas de la representación masculina como Tuxedo Mask: personaje con el superpoder de usar frac, tirar rosas y brindarle palabras de ánimo a Sailor Moon; dígase el hombre perfecto ficticio.

Desafortunadamente, la bonita censura no nos permitió disfrutar del romance de Sailor Urano y Sailor Neptuno.

GARFIELD Y SUS AMIGOS

GARFIELD AND FRIENDS

Entretenida serie animada inspirada en el cómic de Jim Davis, *Garfield*. Hito cultural encargado de integrar en el imaginario colectivo de los niños noventeros el odio por los lunes y el desagrado por las pasas.

Gracias a este querido felino aprendimos que la mejor manera de deshacerse de un problema es pateándolo o intentando mandarlo a Abu Dhabi por correo. Claro: mientras el problema no sea la falta de estabilidad emocional.

Desafortunadamente, si querías ver las aventuras animadas del gato gordo más popular de la televisión, también tenías que ver las aventuras animadas de unos animales en la granja de un tal Orson.

ANIMANÍA

ANIMANIACS

Programa de televisión de variedad que mezclaba animaciones psicodélicas con segmentos educativos a principios de los años noventa.

Fueron responsables de traer al famoso dúo Pinky y Cerebro, a Elvira y a Kikiri Boo al mundo.*

* Para más información consultar la definición de tazos.

EL PRÍNCIPE DEL RAP

THE FRESH PRINCE
OF BEL-AIR

—

Y ésta es la historia, pongan atención, de cómo la vida de un rapero de Filadelfia se transformó...

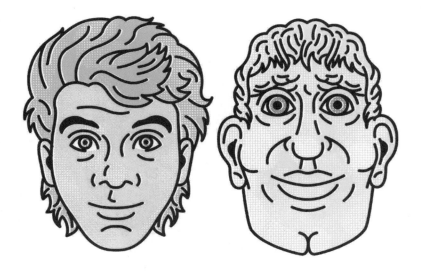

ART ATTACK
ART ATTACK

—

El Bob Ross de los millennials.

    Abuelito de los canales DIY de YouTube.

    Culpable de que más de un niño desarrollara alguna clase de trauma infantil por frustración.

    Primer proyecto identificado de realidad virtual en la que se daba la ilusión de entretenimiento manual e interés estético desde la comodidad del sillón de tu abuela.

DINOSAURIOS

DINOSAURS

———

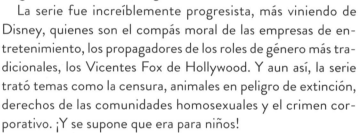

Probablemente inspirado en algún viaje de LSD, esta serie trata sobre una familia de dinosaurios antropomórficos liderados por un bebé obeso obsesionado con una sartén, suavecito y abrazable. Por razones ajenas a la lógica y la tradición, la familia Sinclair está formada por cinco dinosaurios diferentes. Algo así como la familia de Angelina Jolie (R.I.P. Brangelina).

La serie fue increíblemente progresista, más viniendo de Disney, quienes son el compás moral de las empresas de entretenimiento, los propagadores de los roles de género más tradicionales, los Vicentes Fox de Hollywood. Y aun así, la serie trató temas como la censura, animales en peligro de extinción, derechos de las comunidades homosexuales y el crimen corporativo. ¡Y se supone que era para niños!

En el lado gracioso se burlaron de sí mismos, usando a la televisión como un chiste recurrente sobre el consumismo y la idiotez: ¡DILE A MAMI QUIERO! Pero por el otro lado, utilizaron la ciencia como su argumento principal y su inevitable guionista. Si no me creen, busquen el episodio final, en el que por consecuencia del maltrato que le dan a la Tierra los dinosaurios mueren en la Era del Hielo. ¿Nos estarán tratando de decir algo? Nah, si no no lo hubieran hecho por televisión. Por cierto... SPOILER.

MIGHTY MORPHIN POWER RANGERS

MIGHTY MORPHIN POWER RANGERS

—

Otra serie televisiva donde un grupo heterogéneo de jóvenes salva el mundo. Este particular grupo lo hacía con Dinozords, unas máquinas robóticas impresionantemente grandes y mortales, y en *onesies*.

A pesar de intentar ser un bastión televisivo de lo políticamente correcto, los niños preferían a Jason, el Ranger rojo, o a Tommy, el Ranger verde, y las niñas sentían predilección por la Ranger rosa; relegando así a la Ranger amarilla, al Ranger negro y al Ranger azul a segundo plano y al olvido.

La serie que todos recordamos con cariño y, al mismo tiempo, con un poquito de asco por lo que le pasó después: *Power Rangers Zeo, Power Rangers Turbo, Power Rangers In Space, Power Rangers Lost Galaxy* y *Power Rangers contra las Momias de Guanajuato.*

DRAGON BALL

—

Epopeya japonesa más influyente del siglo veinte.

Si algo nos enseñó el culto a Gokú y al maestro Roshi es que, en realidad, todos vamos siempre persiguiendo un montón de bolas.

MÚSICA

Indiana, no Jamaica. *Everybody loves banana.* Mexicana like it (bananana). Y nadie tenía idea de qué tanto *likes it.* ¿Me comprendes Méndez? ¿No? ¿Nada de esto tiene sentido? Lo siento, tuviste que haber estado ahí.

Si no estuviste, te lo describo: estando ahí entre "La calle de las sirenas" y "El chico del apartamento 5-12", nadie puede negar que la música de los noventa, si no te dejó marcado, es porque te faltaron bodas en provincia.

CRI-CRI

FRANCISCO GABILONDO SOLER

———

Francisco Gabilondo Soler fue el compositor veracruzano al que le debemos los valores, los sueños y las tonadas que acompañaron la infancia y las veladas más oscuras de los niños de la segunda mitad del siglo XX.

Cri-Cri, el grillito cantor, era imagen y semejanza de la moral mexicana en música infantil. Moral que, desde pequeños, nos enseñaba que mujer que sale a medianoche, cuando el búho canta, seguro es bruja. Y que hay hombres que, en la sombra de la noche, alumbrados con quinqué, acostumbran hacer derroche de su mágico poder y, por si cabía duda, una gran tarántula peluda es la que los ayuda. Puro contenido inocente para la audiencia en general. Y recuerda: el palo de en medio es más chico, ¿cómo ves?

TATIANA

TATIANA PALACIOS CHAPA

———

Tatiana, la reina de los niños, es una cantante y actriz mexicana nacida en Filadelfia y criada en Monterrey.

Datos que sí son relevantes es que Tatiana es una mezzo-soprano que ha dedicado su carrera al pop infantil y a conducir programas de concursos para sueños y suspiros de pequeños y pequeñas de todo el país.

Por supuesto que esta presentación no puede estar completa sin una mención honorífica a su club de fans de adultos que estaban frente a la tele sólo para verle las piernas. Eso era algo que definitivamente no se podía hacer con Cri-Cri.

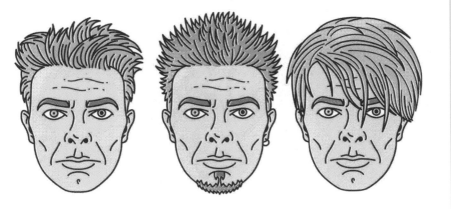

DAVID BOWIE

DAVID ROBERT JONES

The Man Who Sold the World.
Músico. Compositor. Multi instrumentalista. Icono. Leyenda. *Starman* y chico raro en general, David Bowie fue todo lo que los hipsters intentan ser, sólo que él nunca lo intentó, le salió sin querer (como tú a tus papás).

Su música no sólo sigue siendo relevante en términos de su característico interés melódico sino que su mera existencia nos regaló a Nirvana, LCD Soundsystem, Lou Reed, Moby, Queen, Madonna, The Smiths, U2 (aunque esto lo decimos sin tanta emoción), The Killers, Lady Gaga y a tu banda favorita que no mencionaremos, sólo para molestarte.

Lo indujeron al Rock and Roll Hall of Fame por su carrera musical, al Science Fiction and Fantasy Hall of Fame por su papel en *Laberinto* y, en el 2016, *Rolling Stone* lo proclamó la mayor estrella del rock de la historia. En el 2008, la araña Heteropoda davidbowie fue nombrada en su honor. Esto es real.

MICHAEL JACKSON

MICHAEL JOSEPH JACKSON

—

Artista, músico, compositor, cantante, negro, blanco, filántropo y supuesto pederasta americano. También fenómeno histórico y global.

Más allá de sus canciones, sus videos musicales podrían ser considerados pioneros de la narrativa intermediática. Acompañado por cineastas, directores de arte y actores, MJ nos regaló grandes obras audiovisuales como "Thriller", "Beat It", "Bad", "Black or White", entre otras.

También es el responsable de inventar la mitad de los pasos de baile que has visto en fiestas de quinceañeras. Y de Justin Timberlake, para bien o para mal.

Su vida y su carrera son ejemplos claros de cómo la fama, la riqueza y el poder transforman a una persona. Después de *Thriller*, álbum que sumó alrededor de 65 millones de copias vendidas en el mundo, Michael comenzó a cambiar. En el rostro y en la piel se le comenzó a notar el brillo del éxito. Operaciones, vitiligo, maquillaje o cremas, nuestro rey del pop no volvió a ser el mismo y todos lo vimos sufrir hasta el amargo final.

FREDDIE MERCURY

FARROKH BULSARA

El demonio de Tanzania. Freddie Mercury nos regaló, entre otras cosas, una representación poderosa de un hombre gay exitoso y combativo. ¿Quién podrá olvidarlo cantando, en vestido y con peluca, que deseaba ser libre? Eso es un hombre seguro de sí mismo, un Joey usando tanga y no tonterías.

Aparte de entregarnos un repertorio musical impresionante y unos espectáculos inolvidables con su banda, Queen, recordamos a este hito cultural como una persona que supo querer a sus fans. Mucho.

MADONNA

MADONNA LOUISE VERONICA CICCONE

Omnipresente en el pop internacional.

No importa de dónde seas, ni qué edad tengas, la conoces; en parte, gracias al poder que tuvo MTV en los ochenta, cuando sí pasaban música.

Su discografía es tan variada que ya carece de una estructura lógica. Sólo ella puede cantar "Like a Virgin" y publicar un libro titulado *SEX* con sólo algunos años de diferencia. Y, ¿por qué seguimos tolerándola? Porque es la Madonna de gays y de gordas. ¿A poco no habías notado que ésa es su *fanbase* principal?

VICENTE FERNÁNDEZ

Pilar de la música regional mexicana
y rey de las noches malacopa.

Con éxitos como "Mujeres divinas" y "Estos celos" logró meterse hasta lo más profundo de los corazones mexicanos y, también, en lo más profundo de la botella, como gusano de maguey. Te guste o no, don Chente encontró el secreto de la vida eterna: el amor incondicional del mexicano borracho.

Después de una carrera como músico, compositor, actor y productor, se retiró de la vida pública en el 2016 pero se sabe que, aunque ya no tiene trono ni reina, ni nadie que lo comprenda, sigue siendo el rey. Desafortunadamente, de su príncipe Alejandro no podemos decir tantas cosas buenas.

ALEJANDRO FERNÁNDEZ

ALEJANDRO FERNÁNDEZ ABARCA

Hijo del Chente Fernández y versión (un poquito) menos heteronormada del charro mexicano macho y de fierro duro.

La verdad de las cosas es que cuando se dio cuenta de que era más guapo que su padre, decidió diversificar el negocio familiar abriendo nuevos mercados de música popular y refranera.

El junior Fernández es responsable de haberle dado vida a Emiliano Zapata en una pieza cinematográfica que, más que adaptación de la vida de un personaje histórico, parece un *mashup* de la vida de Zapata y de un relato mal contado de García Márquez.

JUAN GABRIEL

ALBERTO AGUILERA VALADEZ

—

Alias "Juanga", "El divo de Juárez", "El divo de América".

Cantautor, actor, compositor, músico, productor discográfico y filántropo.

Su música contribuyó notablemente a diferentes géneros, como balada, ranchera, bolero, pop, norteña, rumba flamenca, chicana, salsa, mariachi, banda sinaloense y hasta disco.

Fue el cimiento de la música mexicana por décadas. Vendió más de 200 millones de discos como cantautor y más de 75 millones como productor, además de los otros muchos millones junto con Rocío Durcal. Y, aun así, su mayor contribución a la cultura mexicana fue la acuñación de la frase "lo que se ve no se pregunta", porque #México. Pero qué necesidad. ¿Para qué tanto problema?

SELENA

SELENA
QUINTANILLA PEREZ

No, no la que se apellida Gomez. La original.

Pocas cosas se pueden decir de Selena para quienes conocen su historia y aún menos se pueden decir para quienes no recuerdan su leyenda.

La frontera mexico-americana siempre ha sido un nido de problemas, eso cualquiera lo sabe; pero, lo que se tuvo que vivir para entenderlo, es la fe que despertó Selena en tantas personas a lo largo de una de las fronteras más complicadas de nuestro tiempo, misma fe que despierta en los pies cansados de todos los invitados en las bodas cada vez que suena "Bidi Bidi Bom Bom".

¿Por qué recordar a Selena? Por las sonrisas, por la esperanza, por la fe y por ese carisma que un 31 de marzo de 1995 nos fue arrancado de forma infame para nunca recuperar la luz de su ausencia. Ah, y por haber sido la cara latina de Coca-Cola, ahora sí, como Selena Gomez.

LUIS MIGUEL

LUIS MIGUEL
GALLEGO BASTERI

Luismi, nuestro embajador emérito de la hermana tierra de Puerto Rico, actualmente está teniendo un resurgimiento gracias a su serie de Netflix. Y a los tweets de Stephanie Salas. Y a los comentarios de Instagram de Mariana Yazbek. Y a los chismes. O sea, está haciendo un *Kardashian comeback* en región 4.

También es justo aceptar que su resurgimiento quizás pueda estar ligado a que la edad ya nos empieza a causar regresiones a la adolescencia cuando "accidentalmente" lo escuchamos en la radio de Spotify. Después de todo, Luis Miguel fue el canto de guerra para abandonar el antro y concurrir al subsecuente puesto de tacos, hot dogs, pizzas, hamburguesas o garnachas, de preferencia: prendían las luces, sonaba "La incondicional", y empezaban a trapear fluidos humanos del suelo.

Además de ser la estampa por excelencia de las canciones mexicanas cantadas por extranjeros en los noventa, Luis Miguel nos hizo ver que un bikini azul no era sólo un bikini azul, también venía con un flash.

No te preocupes, Stephanie: aquí no vamos a incluir narrativas irrespetuosas y ofensivas, pero no podemos decir lo mismo de la música de tu ex.

MIJARES

JOSÉ MANUEL MIJARES MORÁN

———

Exesposo de Lucerito (mucha gente aún conserva el VHS de su boda) y cantante mexicano. En 1985 fue representante de México en el Festival OTI de la canción y, a partir de entonces, su carrera despegó.

Santo patrono de los cholultecas que se sienten españoles; ya que, imitando su acentito, parece que se está hablando en español de España.

Pues, total, que Mijares hizo su lugarcito en este almanaque manteniéndose en el corazón de las personas que envejecemos a pesar de que lleguen más y mejores cantantes.

No se nos murió el amor, Mijares, sólo nos gusta reírnos con y de los maigos.

HOMBRES G

Autores de la clásica épica de la literatura española en la que un galán, un tanto alzado, usando su carruaje blanco en forma de Ford Fiesta y vistiendo un jersey en color azafranado roba el corazón de una dama que ya estaba prometida a un juglar de voz aguda y poca destreza en combate.

Si algo nos dejó esta historia fue una muy pegajosa canción que sería adaptada a una película en 1987, la cual relata cómo se formó la banda y, por supuesto, llevó por primera vez al cine una batalla con polvos pica pica (ahora prohibidos por ser considerados arma biológica).

Dato curioso: en México fue necesario poner letreros afuera del cine diciendo que estaba prohibido pararse a bailar durante la película. Porque sufre, mamón.

GLORIA TREVI

GLORIA DE LOS ÁNGELES TREVIÑO RUÍZ

Es imposible recordar la música de los años noventa sin pensar en Gloria Trevi: México sin Gloria es como una papa sin cátsup, como una uña sin mugre, como un borracho sin tequila. Y Gloria sin portada de revista es como un bebé sin su mamila, como una telaraña sin araña, como un nopal sin lo baboso. Esto último incluye a Sergio Andrade, el autor intelectual, que después fue acusado de tantos crímenes que sería de mal gusto mencionarlos aquí. Sólo digamos que algo raro pasó con alguien llamada Mary Boquitas.

CRISTIAN CASTRO

CHRISTIAN SAINZ GÓMEZ DE VALDÉS Y CASTRO

Verónica Castro es su madre y la raíz etimológica de su nombre artístico. El Loco Valdés, su padre. Sus tíos son Tin-Tan y Ramón Valdés, mejor conocido como Don Ramón. Con semejante escuela del espectáculo en su familia no es extraño que Cristian Castro tenga un talento especial para el escándalo.

Con 29 de sus canciones que llegaron a los primeros lugares del *billboard*, es considerado uno de los cantantes de habla hispana más destacados de la historia. Especialmente recordado por temas como "Azul", "No podrás" y por el grito de guerra de la mujer dolida, "Es mejor así".

RICARDO ARJONA

ÉDGAR RICARDO ARJONA MORALES

Cantautor, compositor, arreglista, músico y productor musical no mexicano.

No olvidemos que no es mexicano. Guatemalteco. En efecto, Ricardo Arjona es la prueba irrefutable de que Guatemala sí existe y que exporta cosas de verdad. Quizás no cosas buenas o bonitas, pero de verdad.

Hemos venido a parar con el músico que no soñamos jamás: nos gusta porque es auténtico y no nos gusta porque sí vive de recetas, de frases armadas, de poesía sencilla con acompañamiento musical. ¿Quién diría que son años los que llevamos escuchando a Arjona como hermanos? ¿Quién diría que con el tiempo empezaría a hacer canciones sobre menstruaciones y redes sociales?

Ayúdanos, Freud.

MANÁ

Dicen que Maná es a México lo que U2 es a Irlanda: en su propio pueblo los odian a pesar de ser exitosos en el resto del mundo.

La relación que guardamos como país con este grupo de... ¿música pop? Es de un amor-odio particularmente peculiar, ya que han sido grandes ejemplos para la juventud pero pésimos representantes de México en la historia de la música. En la historia en general, más bien.

Pero no seamos injustos. Maná es como ese suéter del uniforme de la secundaria (¡que odias!), pero te recuerda a esa lejana infancia que alguna vez tuviste (¡y a la que amas!).

VANILLA ICE
ROBERT MATTHEW VAN WINKLE
—

Responsable de escribir la canción de rap "Ice Ice Baby", para la cual se inspiró en los bajos de "Under Pressure" de Queen y David Bowie sin pagarles regalías, porque 1989.

Si bien muchos recuerdan la canción por ser la primera de su género en llegar al #1 del *billboard Top 100*, el resto la conocemos como el error que le abrió la puerta a los blancos en el hip hop. Te estoy viendo a ti, Macklemore. Olviden eso; te estoy viendo a ti, Claudio Yarto de Caló, si es que cuentas como blanco.

EMINEM
MARSHALL BRUCE MATHERS III
—

El blanco que SÍ sabe rapear, muchas gracias. Tiki tiki Slim Shady.

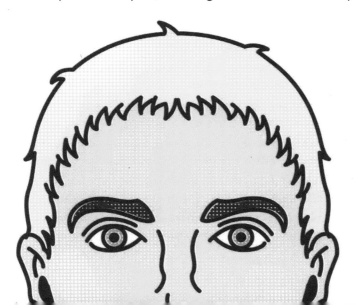

BACKSTREET BOYS

Cuando los Back-
street Boys em-
backstreet boys
pezaron a cantar, nadie se imaginaba que este grupo de cinco
jóvenes fuera a llegar tan lejos en la historia de la música. Estos
chicos de la calle de atrás se han hecho de comunidades de fans
en los rincones más recónditos e inesperados del mundo.

Si bien su primer álbum fue considerablemente exitoso, no
fue sino hasta *Backstreet's Back* que conocimos "Everybody",
la canción cuya coreografía infectó a toda la generación; misma
canción que nos demostró que la confianza entre Nick, Kevin,
Brian, A. J. y Howie era tal que se podían preguntar "Am I sexual?" para responder "Yeeeah" sin complicaciones. #nohomo.

Millenium (que no debe ser confundido con *Willenium* del
príncipe del rap), fue su álbum más exitoso. Hoy los Backstreet
Boys son considerados una de las bandas más importantes de
la historia musical.

SPICE GIRLS

Comuna del Girl Power.

Esta banda formada por cinco mujeres inglesas no sólo fue
un éxito musical, también fue un fenómeno del marketing. Nos
lograron convencer de que su identidad, excesivamente sexual
y femenina, era liberadora y no una estrategia de publicidad.
También consiguieron convertir al Union Jack en un icono noventero y agregarle *spice* a nuestras vidas.

Una vez que se disolvió la banda, cada una de estas mujeres
siguieron diferentes caminos, excepto Baby Spice (googléala).
Pero si alguien encontró una segunda ola de fama fue Posh Spice,
quien dejó los pants Adidas y, en su lugar, se metió en un par de
shorts Nike para convertirse en la señora David Beckham. Cuatro
hijos después, deja claro que lo Beckham no quita lo *spicy*.

NSYNC

La definición de la diversidad noventera: el niño bonito, el macho-beta-que-quiere-ser-alpha, el chavo que no aceptaba su edad y el gay de clóset.

Siguiendo la pauta de su incansable líder, Justin Timberlake, fueron responsables de traer el pelo plateado al *mainstream*.

Entre sus éxitos se encuentra la pegajosa "Bye, Bye, Bye" y una oda al refresco titulada "Dirty Pop" (claramente publicada antes de la cruzada en contra de los gordos).

Como toda banda que se respeta, se disolvió por culpa de una mujer: Britney Spears.

BRITNEY SPEARS

BRITNEY JEAN SPEARS

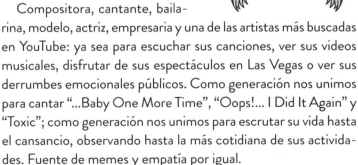

Princesa del pop, heredera del rey y de la reina del pop.

Compositora, cantante, baila-rina, modelo, actriz, empresaria y una de las artistas más buscadas en YouTube: ya sea para escuchar sus canciones, ver sus videos musicales, disfrutar de sus espectáculos en Las Vegas o ver sus derrumbes emocionales públicos. Como generación nos unimos para cantar "...Baby One More Time", "Oops!... I Did It Again" y "Toxic"; como generación nos unimos para escrutar su vida hasta el cansancio, observando hasta la más cotidiana de sus actividades. Fuente de memes y empatía por igual.

Britney es parte de la esencia más pura y elemental de los años noventa. Definitivamente ha aportado a la música, a la moda, a la danza contemporánea y a las fantasías de hombres y mujeres por igual.

TIMBIRICHE

LA BANDA TIMBIRICHE

Si España iba a tener un Parchís, México tendría un Timbiriche. Ahora nos queda preguntarnos si Perú tuvo un Serpientes y escaleras.

Más que un grupo musical fue una incubadora de personalidades del medio musical y televisivo. Plataforma que le dio visibilidad a personajes como Paulina Rubio, Benny Ibarra, Sasha Sokol, Diego Schoening y Thalía.

En resumen:

"Siguen sonando en las fiestas y siguen haciendo conciertos y siguen ganando dinero. Quise comprar un boleto y cuesta seis mil pesos", (opinión de un centennial).

"'Tú y yo somos uno mismo', 'Con todos menos conmigo', 'Besos de ceniza': clásicos de karaoke", (opinión de un millennial).

"Princesa tibetanaaa, te visualicé en un cristaaal y ahora te tengo aquiií, en mi habitación", (informada opinión de un chavorruco atendiendo al concierto previamente mencionado).

OV7 Y KABAH

Grupos musicales heterogéneos formados por tres hombres y tres mujeres que, con vestuario coordinado y coreografías aeróbicas, montan espectáculos pop para la juventud mexicana.

90% de los mortales no logra distinguirlos.

SHAKIRA

SHAKIRA ISABEL MEBARAK RIPOLL

Cantante, autora, productora, bailarina, modelo, actriz, empresaria, embajadora de la Unicef y filántropa. Algo así como la Emma Watson que se forjó en los noventa y triunfó en los dosmiles.

Primera parte: Chaquiras before Shakiras.

Antes de las disqueras, de la popularidad, de los premios, de su desamor con La Rua, de su romance con el futbolista y de sus obras filantrópicas, triunfó con piezas como "Magia", fue precursora de "Ciega sordomuda", y "Sueños", que es una suerte de "No creo" adolescente (o sea, más adolescente).

Morena y de voluminoso cabello castaño oscuro, ¿cómo logró convertirse en blanca y rubia? Todavía no lo sabemos, pero quizás MJ hubiera apreciado el dato.

Segunda parte: Antes de "La tortura"; o sea, antes del reggaeton.

El inicio oficial de Shakira, la que conoce el mundo entero, lo cual no es casualidad. La que está aquí, queriéndote; la que, para amarte, necesita una razón; la que está buscando un poco de amor; esta Shakira utiliza su plataforma para abordar temas de amor y desamor, de sueños y realidades, de expectativas sociales, de la religión, incluso, de la muerte y del aborto.

En resumen, Shakira es la que las tías chismosas dicen que seguro es illuminati o seguro le vendió su alma al diablo porque nadie puede tener tanto éxito sin que haya magia negra de por medio. Pero sí, señoras, sí se puede. Tantito respeto para Shakira, por favor. Y, sobre todo, para ese movimiento de caderas. Benditas sus caderas, las que no mienten.

FEY

MARÍA FERNANDA BLÁZQUEZ GIL

Feeey es una chava suuúper cool, bieeen bueeena ooonda y a todo daaar. Tiene ¿diecinueve? años y hace canciones así super boni sobre frutas y volcanes que realmente son metáforas sobre el amor, la violencia y los estatutos morales de las relaciones de pareja de la época.

Su habilidad para resistir las críticas y exigencias de un público tan difícil como el mexicano merece una mención especial. Machismo mediante, Fey se convirtió en la primera solista mexicana en conseguir llenos totales en el Auditorio Nacional: once en 1997 (diez consecutivos) y luego cuatro más en 1999. Eso es un montón de Auditorio Nacional.

Si no te ha quedado claro que Fey es una verdadera fuerza de la naturaleza es porque no la viste montando un espectáculo en sus mejores tiempos o porque no has visto su cuenta de Instagram.

NATALIA LAFOURCADE

MARÍA NATALIA LAFOURCADE SILVA

En el 2000 Natalia Lafourcade aún pertenecía a un grupo infantil llamado Twist con una exintegrante del grupo Jeans, así que no le creas su actual etapa Bjork vs. Frida Khalo. Sin embargo, esta cantante estudió música de verdad, a diferencia de 90% de lo que se escucha en el radio, así que eso la ha dejado vigente en la cultura popular mexicana hasta el día de hoy.

Nota: No confundir con Ximena "Palancas en el medio" Sariñana.

MOLOTOV

Coqueteando con el rap, el rock y el metal, esta banda mexicana inició con el firme propósito de satirizar, criticar y entretener. *¿Dónde jugarán las niñas?*, sátira directa al álbum cuasihomónimo de Maná, nos regaló "Voto latino", "Gimme the Power" y "Frijolero".

Responsable de que padres de familia y maestros por igual se preocuparan porque su juventud estaba cantando groserías al ritmo de Micky, Randy, Tito y Paco; todo esto sin ponerle mucha atención a que estas groserías no eran más que una clara expresión de inconformidad crítica y, sí, un poco de provocación escandalosa.

La crítica política y social de este grupo sigue siendo tan vigente como lo era en la década de los noventa. Después de todo, aunque tuvimos potencial mundial, seguimos siendo pobres, nos manejan mal pero, como hemos probado últimamente, somos más y jalamos más parejo.

CAFÉ TACVBA

A un país en donde todo el rock sonaba a rock extranjero, pero con letras en español, llegó Café Tacvba haciendo hits de radio con jaranas, tololoches, pelos pintados y Flexi-botas negras.

Su segundo disco, *Re*, incluyó el tema "Ingrata", que hoy podría considerarse como crimen de género, pero que en el momento reflejaba algo que los *rockers* locales necesitaban: más México en sus Estados Unidos.

Originalmente se llamaban Alicia ya no vive aquí y salieron de Ciudad Satélite, cerca de la ahora CDMX. Quique, Joselo, Meme y Rubén Albarrán ahora tienen como diez discos, muchos de ellos clásicos, pero fueron los primeros tres los que marcaron a una generación que jamás había escuchado la palabra "pinche" en una canción.

En su momento, fueron una revolución.

LITERATURA

El fin del siglo XX trajo a México una moda muy peculiar y no estamos hablando de la constante representación de relaciones considerablemente incestuosas en la cultura popular; la moda de la que estamos hablando es la de campañas de motivación a la lectura... porque, por supuesto, leer más te iba a hacer una mejor persona, sin importar que estuvieras leyendo una y otra vez "Trágame tierra" de *Eres*.

Las campañas de incentivación a la lectura produjeron dos efectos interesantes en estos años: el primero es que los ñoños finalmente eran buenos en algo que no fuera calentar la banca de los equipos deportivos; el segundo fue la concientización de que había un concepto muy interesante vagando por el mundo y lo llamaban literatura.

Lo que hoy encontramos en Medium entonces lo encontrábamos en el periódico, o en la revista *Times* (si vivías en la capital), o en el *Reader's Digest* (si eres de provincia). En vez de poetwitteros, teníamos poetas de zines y *Letras Libres*. En vez de coleccionar frases inspiracionales en Pinterest, podíamos coleccionar títulos de Paulo Coelho. En vez de *50 sombras de Grey*, leíamos las piernas de Maribel Guardia en las *TVyNovelas*.

Fue una época en la que a muy temprana edad entendimos la diferencia entre terror (Edgar Allan Poe) y horror (Aurelio Baldor): el primero consiste en composiciones sobrenaturales que exaltan nuestros sentidos; mientras que el segundo, a través de la exaltación sobrenatural de nuestros sentidos, descompone nuestra voluntad en una gelatina sin consistencia.

Nuestra relación con la literatura revela mucho sobre nosotros: en México, como con casi todo, nos reímos mucho.

ÁLGEBRA
POR A. BALDOR

——

Grimorio árabe arcano indescifrable.

Cuentan las leyendas del círculo místico de Howard Phillips Lovecraft que este texto había sido forjado en los hornos del infierno mismo por un árabe loco en tiempos inmemoriales.

Para ser una de las fuentes de conocimiento algebraico más influyentes del siglo XX, el Baldor también ha sido un importante proveedor de confusión: no te dejes engañar, el personaje de la portada no es Baldor, su autor, sino Abu Abddallah Muhammad ibn Mūsā al-Khwārizmī, o al-Kuarismi para los compas. En cuanto al personaje de la portada de la edición actual, todavía desconocemos con qué calificaciones cuenta.

El analfabetismo matemático es una de las muchas pruebas de que la apreciación mexicana hacia este libro es meramente estética.

BREVE HISTORIA DEL TIEMPO

POR STEPHEN HAWKING

—

La Biblia pero para gente con un título universitario. Bestseller que atrajo a nerds y a posers por igual: hay quienes, después de leerlo, decidieron que querían dedicar su vida a la ciencia y hay quienes, después de leerlo, decidieron que ahora podían discutir sobre hoyos negros y la teoría de supercuerdas el resto de su vida sin tener que volver a tocar un título de divulgación científica.

Si fuiste un menor de edad y tuviste este libro bajo el brazo en más de un recreo, muy probablemente no eras popular.

El 14 de marzo de 2018 falleció Stephen Hawking y, en cuestión de horas, esta pieza literaria llegó al segundo lugar en la tabla de "Libros que todos dicen que han leído pero lo único que han hecho es leer su ficha en Wikipedia", sólo por debajo del libro favorito del ilustre licenciado Enrique Peña Nieto, *La Biblia*... la de verdad.

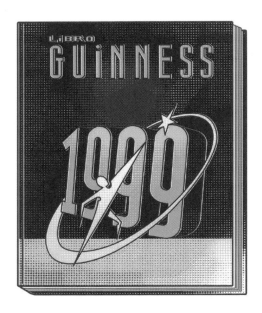

LIBRO GUINNESS DE LOS RÉCORDS

GUINNESS WORLD RECORDS

Libro de registro voluntario en el cual personas con todo tipo de trastornos mentales pueden registrarse en forma de récords sin importancia.

En otras palabras: todo lo que está mal con el mundo.

¿DÓNDE ESTÁ WALLY?

WHERE'S WALLY?

El estate quieto infantil de finales del siglo XX. El tenmeacá de la literatura de esa época. El *Angry Birds* en el iPad de los noventa. El "esta madre no cabe en la mochila del niño" de los padres de millennials.

Este fenómeno *literario* de los años ochenta y noventa estaba compuesto por una serie de tomos incómodamente grandes que contenían una amplia variedad de dibujos de paisajes barrocos, ciudades sobrepobladas y escenarios imposibles. O sea, aproximaciones gráficas a la CDMX. En estos paisajes era preciso buscar al mequetrefe de lentes y pinta de ayudante de Santa Claus, Wally; quien, por alguna razón, siempre estaba perdido.

Muy bien: si ya encontraste a Wally, ahora debes encontrar una taza, un bastón, una máquina del tiempo, al hombre de las nieves, una mujer recibiendo un soborno y... ¿por qué hay un auto descompuesto en las vías del tren que está por llegar y sólo el viejito de rojo está escandalizado?

Esta serie de libros del autor británico Martin Handford nos trajo horas de diversión, evasión de la realidad y reconstrucción de historias a través de lugares imaginarios, mágicos y surreales. No se le puede pedir mucho más a un libro.

TVYNOVELAS

La revista que tu mamá y tus tías compraban. Esa que usualmente estaba en la sala pero, a veces, terminaba en el baño.

Hoy por hoy es la revista más popular en las salas de espera.

MUY INTERESANTE

Fundada en 1981 en España; como casi toda la cultura que consumimos en México en los años noventa, fue importada en 1989 por Editorial Televisa (sí, Grupo Televisa tiene una editorial).

En los años noventa fue la revista que todos los niños nerds llevaban bajo el brazo y en la que soñaban, algún día, colaborar.

Pionera en el acceso abierto a la información con piezas de divulgación científica que sí podían ser leídas y comprendidas por el público en general; esta revista nos regaló reportajes como "¿Qué vamos a sacar de Marte?" por Carl Sagan.

Este pokemón no debe ser confundido con su evolución, la revista *Muy interesante* de los dosmiles, la cual nos ha regalado reportajes como "El verdadero origen: ¿hijos de Dios o de la evolución?", "¿Colapso mundial?" y "¿Quién controla al mundo?: Sociedades secretas, gobiernos, religiones, grupos de poder, agencias de espionaje...".

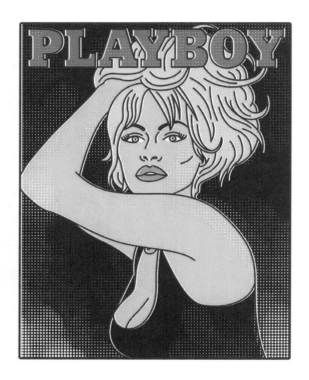

PLAYBOY

—

Pieza representativa del canon literario de la segunda mitad del siglo XX. Con una voz tradicionalmente considerada elegante, incluso, glamurosa, es especialmente reconocida por ponerle chichis a tu información o información a tus chichis.

Entrevistas a personalidades como Donald Trump y Carl Sagan, acompañadas por textos inéditos de escritores como John Updike y Kurt Vonnegut, eran la excusa ideal para comprar una revista con fotografías sugerentes de Pamela Anderson. Sin embargo, todos sabíamos que contaba como porno, *soft core* pero porno.

CLUB NINTENDO

El internet de los noventa impreso; precursor de las páginas y los grupos de Facebook de la comunidad Nintendo; el tutorial de YouTube para pasar un nivel de algún videojuego pero en papel: la revista *Club Nintendo*, fundada por nuestro maestro, guía y sensei, Gus Rodríguez. Antes de que Facebook hiciera sus comunidades y Twitter sus hashtags, esta revista construyó una comunidad de personas que se cuidaban por el simple y aleatorio hecho de que todos amaban colectivamente la felicidad que cierta compañía japonesa de videojuegos empaquetaba.

Esta pieza literaria respondía preguntas de sus lectores, imprimía los dibujos de su comunidad y a veces incluso compartía trucos para pasar los niveles más desafiantes o exigentes de ciertos videojuegos. O sea, una wiki pero antes de las wikis. Y de paga. O sea, no una wiki.

CHANOC

AVENTURAS DE MAR Y SELVA

Héroe local. Aventura y comedia nacional; no de importación.

Chanoc, completamente olvidado por los centennials y medianamente recordado por los millennials, fue, al lado del Santo, uno de los héroes mexicanos más queridos de la segunda mitad del siglo xx.

En papel, el joven Chanoc se enfrentó a los caníbales Puk y Suk, al jaguar Jagú y a los escalofriantes deseos de compromiso de su novia Maley. En pantalla, combatió vampiros, tarántulas y serpientes.

Por su portada, su historia y sus ilustraciones desfilaron una serie de talentos mexicanos como Antonio Salazar Berber y Paco Ignacio Taibo II: a Chanoc lo recordamos por ser tan primer mundo como Carlos Monsiváis y por ser tan tercer mundo como la memoria del mexicano.

RIUS
EDUARDO HUMBERTO DEL RÍO GARCÍA

Rius fue el monero de moneros; es decir, el primero que popularizó explicar las cosas haciendo libros con monitos.

Su trabajo fue extenso. Utilizando dibujos, fotos y su peculiar caligrafía, Rius nos explicó cosas tan complejas como el marxismo, la Iglesia, el sida, las drogas y hasta *Don Quijote*. La clave de este artista siempre fue contar las cosas visualmente, como si estuviera armando un diccionario para principiantes... pero los temas que elegía siempre fueron pertinentes para la época en que los publicó.

También creó el cómic *Los supermachos*, que retrataba la realidad política de su época pero que sigue reimprimiéndose hasta la fecha, lo que causó que muchos conocieran su trabajo décadas después (y aun entenderlo como si fuera actual).

Eduardo del Río vivió y trabajó siempre en México y dedicó su talento a hacernos reír mientras aprendemos de la vida, el universo y todo lo demás. Es una iniciativa muy complicada, pero que se entiende fácil porque... monitos :).

LOS VIGILANTES

WATCHMEN

Serie de cómics publicada por DC durante 1986 y 1987; aceptada como la obra que llevó a los cómics a su maduración cultural.

La historia se centra en cómo un grupo de superhéroes utilizó sus poderes para lograr que Estados Unidos ganara la Guerra de Vietnam y que el escándalo de Watergate no fuera expuesto. Lo que hoy llamamos publicistas.

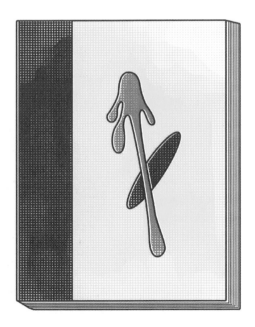

ESCALOFRÍOS
GOOSEBUMPS

Serie infantil de libros de terror publicados por Scholastic a principio de los años 90.

Compra favorita del niño al que no le gustaba leer pero quería que la gente pensara que sí lo hacía.

ESO
IT

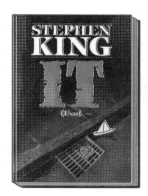

Stephen King escribió *El Resplandor, Eso, Shawshank Redemption, Carrie, Quédate a mi lado, La milla verde, Kujo, El talismán, El juego de Gerald, Rabia, El cementerio de animales, La hora del vampiro* y todas las películas de terror que has visto y que, en realidad, son libros.

EL MUNDO DE SOFÍA

POR JOSTEIN GAARDER

Esta obra literaria de principios de los años noventa narra la historia de cómo Sofía, una niña de quince años, resolverá la cuestión más importante de la vida antes de volverse adulta: ¿por qué es "cuarenta y dos" la respuesta a la vida, el universo, y todas las cosas?

Este libro de Jostein Gaarder fue traducido a 54 idiomas porque nada dice poscolonialismo occidental como una epopeya posmoderna sobre la identidad arraigada en la historia de la filosofía occidental.

LA CASA DE LOS ESPÍRITUS
POR ISABEL ALLENDE

—

Trajo a Isabel Allende al mundo. Más importante aún, trajo a Meryl Streep representando el papel de una chilena al cine. #OscarsSoWhite

ARRÁNCAME LA VIDA
POR ÁNGELES MASTRETTA

—

Supuesta heredera de las dos Elenas: Poniatowska y Garro. Cierto o no, es una ineludible mención en la historia de la literatura mexicana de finales del siglo XX.

Con una voz característica, sensible y femenina relata la realidad política de México y la realidad social de la mujer en las décadas posteriores a la Revolución mexicana. Aparentemente ésta fue una realidad muy similar a la de las hijas de hacendados de telenovela de horario estelar.

Arranque oficial de la carrera como escritora y periodista de Ángeles Mastretta.

Como dato cultural: la mayoría de los hombres mexicanos que fueron arrastrados a ver la película homónima, tuvieron ganas de arrancarse la vida, los ojos, los oídos, las venas... o de sólo sacar el celular.

EL CABALLERO DE LA ARMADURA OXIDADA

POR ROBERT FISHER

El fin de siglo trajo un interesante fenómeno alrededor del *new age* y los libros de autoayuda. Títulos como *El alquimista, La princesa que creía en los cuentos de hadas, Padre Rico, Padre Pobre, El monje que vendió su Ferrari, Cómo volverse millonario* y *DOS For Dummies* decoraban los escaparates de las librerías. Unos prometieron iluminar el sentido de la vida, otros aseveraron que te enseñarían a ser rico o feliz (algo que, al final de cuentas, puede ser muy similar) y unos más aseguraron que no serías el menos ágil en la computadora.

En este caso, Robert Fisher pretende, a través de un camino del héroe ampliamente metafórico y, al mismo tiempo, muy poco imaginativo, enseñarle a sus lectores que el secreto de la felicidad es el amor y la aceptación propios. Teoría completamente desacreditada en la actualidad a través de artículos como: "10 ejercicios para conseguir el abdomen plano que siempre has deseado", o: "¿Cómo bajar de peso en quince días?"

EL ALQUIMISTA

POR PAULO COELHO

El secreto para la gente que no entiende cuál es el secreto*.

*El secreto es que vivimos en una sociedad posestructuralista cuyo *status quo* está tan arraigado en las creencias del privilegio que, no importa cuántos libros de autoayuda leas, siempre vas a ser víctima del sistema y una mera máquina de producción para las clases altas.

JUVENTUD EN ÉXTASIS

POR CARLOS CUAUHTÉMOC SÁNCHEZ

¡Y vaya que la juventud noventera mexicana entró en éxtasis con la segunda entrega del nueve veces campeón nacional de ciclismo! En los pasillos de las secundarias de provincia, este libro se prestaba

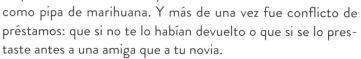

novela de valores sobre noviazgo y sexualidad

como pipa de marihuana. Y más de una vez fue conflicto de préstamos: que si no te lo habían devuelto o que si se lo prestaste antes a una amiga que a tu novia.

Esta novela moralina pretendía abordar temas sobre la sexualidad adolescente y el amor, pero con el particular sello de aprobación del Consejo Parental y Eclesiástico de Ética Mexicana (organismo 100% real y vigente*). Si esta novela te pareció escandalosa es muy probable que no hayas podido apreciar al Marqués de Sade o a Guillermo Fadanelli desde una corta edad; si no los has podido disfrutar todavía, *you should*.

Por un lado, Premio Nacional de la Juventud de 1984 en el área de Literatura con *Los ojos de mi princesa* y con carta de Juan Rulfo de por medio; por otro lado, en los pasillos serios donde se discute el dos veces ingenioso hidalgo *Don Quijote de la Mancha* y *Moby Dick*, Carlos Cuauhtémoc Sánchez se considera al mismo nivel literario que la *TVyNovelas*.

* Not.

LOS 7 HÁBITOS DE LA GENTE ALTAMENTE EFECTIVA

POR STEPHEN R. COVEY

Esta pieza *literaria* fue posteriormente adaptada a las familias con *Los 7 hábitos de las familias altamente efectivas*. En 1998, el hijo de Stephen Covey, Sean Covey, descubrió que los hábitos que su padre había predicado no sólo pueden beneficiar a la gente y a las familias, ahora también podrías ayudar a tu adolescente más cercano con *Los 7 hábitos de los adolescentes altamente efectivos*;  libro que se distribuía como cocaína entre los profesores que daban clase de formación cívica y ética u orientación vocacional. Finalmente, en el 2004, Covey encontró un octavo y último hábito para ser altamente efectivo (completamente no relacionado con la deuda de su tarjeta de crédito). No hace falta esperar a que lo reseñemos en nuestro siguiente almanaque, te lo compartimos de una vez: uno de los hábitos más importantes de la gente altamente efectiva no es leer sobre los hábitos de la gente altamente efectiva.

PADRE RICO, PADRE POBRE

POR ROBERT T. KIYOSAKI

Obra filosófica de nuestros tiempos.

A través de datos irrefutables y ciencia dura, este libro pretende demostrar que las diferencias macroestructurales del sistema económico producen, a su vez, diferencias en la configuración ideológica de las percepciones individuales computadas como realidad. En otras palabras: que ser rico y gozar de libertad económica permite una sensación de independencia, autonomía y felicidad que ser pobre no te da. *Surprise, surprise.*

En este aclamado y repudiado libro, Robert Kiyosaki brinda una lección de cómo volverse rico. Esta valiosa lección se puede resumir en cuatro puntos principales: primero, desarrolla tus activos; en segundo lugar, ten cuidado y sé reservado con tus pasivos; el tercer paso es ahorrar, ahorrar y ahorrar; y, finalmente, ten un padre rico.

LA GUÍA DEL VIAJERO INTERGALÁCTICO

THE HITCHHIKER'S GUIDE TO THE GALAXY

———

Hito cultural de los años ochenta y noventa. Primera entrega de la famosa trilogía literaria homónima en cinco tomos.

Douglas Adams, autor de esta saga literaria inspirada en una serie de radiocomedia, murió repentinamente de un paro cardiaco en un gimnasio el 11 de mayo del 2001 sin terminar de escribir el guion de la película que se estrenó en el 2005. Dos semanas después de su muerte, y a partir del 25 de mayo de ese mismo año, se comenzó a celebrar anualmente el Día de la toalla; porque viajero intergaláctico que se respeta sabe que la toalla es el instrumento más versátil que alguien puede cargar para viajar por el universo.

Manual del sinsentido, de la ciencia ficción y de la comedia, este libro no sólo nos instruye en las mañas y los contenidos del universo, entre risa y risa, también nos enseña que la respuesta es cuarenta y dos (42).

GUÍA PARA LA VIDA DE BART SIMPSON

BART SIMPSON'S GUIDE TO LIFE

———

Adaptación ilustrada del *Manual de urbanidad y buenas maneras* de Manuel Antonio Carreño. A diferencia de la obra original, esta pieza es protagonizada por personas amarillas, laberintos narrativos circulares y chistes no aprobados por la Asociación de Padres Preocupados (APP).

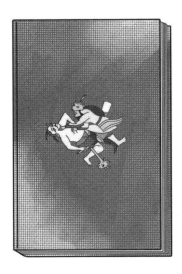

LOS VERSOS SATÁNICOS

POR SALMAN RUSHDIE

━━━

Prueba de que cuando Mahoma no va a la montaña es porque se burló del Corán en su cuarta novela y ahora los musulmanes amenazan con matarlo. En el 2010 la cabeza de Salman Rushdie tenía el precio de 3 millones de dólares.

ENSAYO SOBRE LA CEGUERA

POR JOSÉ SARAMAGO

━━━

Novela portuguesa apocalíptica que, en pleno espíritu noventero, encontró su verdadera trascendencia cuando Mark Ruffalo y Julianne Moore protagonizaron su versión cinematográfica. (Pero éste sí es bueno, mejor léelo).

LA INSOPORTABLE LEVEDAD DEL SER

NESNESITELNÁ LEHKOST BYTÍ

(No, no es *typo*)

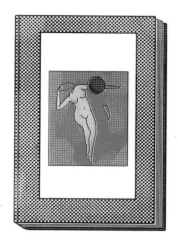

Considerada la obra cumbre del maestro Milan Kundera, quien redefinió los estándares de incomodidad de la propia patria permitiendo que esta pieza literaria fuera finalmente editada y publicada en su país, la República Checa, hasta el 2006.

Entre reflexiones filosóficas, juegos literarios formales y metáforas bellamente ejecutadas, *La insoportable levedad del ser* relata la historia de Tomás, Teresa, Sabina, Franz y Karenin, quienes entre peso existencial y ligereza existencial, entretejen su vida profesional, emocional, amorosa y sexual en la intempestiva Praga de los años sesenta y setenta.

Biblia de toda una generación que encontró en las palabras de Kundera un guía emocional, espiritual y literario.

Si el dueño de este libro era un fan de Quentin Tarantino, seguidor de Daria y escuchaba constantemente The Smiths porque estaba convencido del genio de Morrissey, lo más probable es que te encontraras frente a un adolescente inconforme, un hipster de los noventa o un próximo artista, también conocido como futuro nini.

Mientras unos leían *Juventud en éxtasis*, los seguidores de *La insoportable levedad del ser* eran reconocidos por ser insoportablemente pesados cuando se ponían a discutir sobre Nietzsche y el eterno retorno.

Es muss sein! (Tampoco es *typo*.)

HARRY POTTER Y LA PIEDRA FILOSOFAL

HARRY POTTER AND THE PHILOSOPHER'S STONE

———

La Biblia infantil para los niños de los noventa y de los dosmiles. Primera entrega de la saga "finalmente vamos a salir de pobres" de Joanne Kathleen Rowling. El *Star Wars*, el *Star Trek*, el *Doctor Who* del fandom de los noventa.

Obra literaria que dio vida al universo narrativo en el que absolutamente todos los personajes saben qué está sucediendo... menos el protagonista: "¡Harry, eres un mago!", "¡Harry, tus padres no murieron en un accidente!", "¡Eres Harry Potter, el que venció a Aquel-Que-No-Debe-Ser-Nombrado!", "¡Harry, tienes chancro!".

JUEGO DE TRONOS

POR GEORGE R. R. MARTIN

———

El señor de los anillos forjado en el fuego del fin de siglo. La primera torre de la saga que se convertiría en movimiento político, religioso y social, *Canción de hielo y fuego*. El retorno de las relaciones abiertamente incestuosas a la cultura noventera. Un recuento metafórico sobre la clásica disputa por el poder y Los Pinos.

A pesar de haber ganado el Premio Locus a la mejor novela de fantasía en 1997 y de tener, desde entonces, una importante comunidad de lectores y seguidores, *Juego de tronos* encontró su verdadero apogeo ya entrados los dosmiles cuando HBO decidió realizar una adaptación televisiva de la saga.

LA BIBLIA

POR... ¿DIOS? ¿O UNOS AMIGOS DE DIOS?

———

La Biblia, como la verdad, el método científico o el Estado, se supone que es una, única e indivisible. Sin embargo, hay quienes defienden que consta de 72 partes; hay otros que dicen que consta sólo de cinco partes; y hay unos más que discuten si este libro sagrado tiene más o menos partes. En fin, este fandom está muy dividido y no tienen cómo localizar al autor con el propósito de establecer el canon oficial.

Como pieza literaria, *La Biblia* es uno de los libros que quien fuera nuestro constitucionalísimo presidente, el licenciado Enrique Peña Nieto, sí leyó y es, también, el bestseller de bestsellers: ha sido traducido a 2454 idiomas a lo largo de su historia.

La interpretación de esta pieza literaria es muy debatida: por un lado están quienes afirman que *La Biblia* es el 42 y, por otro lado, hay autores que señalan que este libro produce síntomas similares al desorden de estrés postraumático o al consumo de opio.

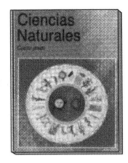

LIBROS DE TEXTO GRATUITOS DE LA SECRETARÍA DE EDUCACIÓN PÚBLICA

¿DE VERDAD ESPERABAN QUE CARGÁRAMOS EL TOMO ENORME DEL ATLAS?

———

También conocidos como "libros" por los estudiantes de escuelas públicas. O como "esos que regala la escuela y nunca usamos" por los estudiantes de escuelas privadas. O como "los que no son McGraw Hill, ni Pearson" por los estudiantes de escuelas bilingües. Porque, aparentemente, las matemáticas podrán ser globales pero también pueden ser clasistas.

Hay quienes ven con desconfianza esta iniciativa de educación pública porque se cree que el gobierno utiliza estos libros como herramientas de manipulación del conocimiento y, también, de las masas. Cierto o no, la verdad es que hay que aplaudirle a la dependencia de gobierno que es capaz de coordinar la escritura, edición, publicación, distribución y licitación de libros para preescolar, primaria, secundaria, telesecundaria y braille para cubrir una demanda anual de más de 200 millones de niños, niñas, niñxs y demás ciudadanos de nuestra siempre flagrante República de los Estados Unidos Mexicanos. A ver si las demás dependencias se parecen un poquito más a su hermana olvidada y relegada, la Comisión Nacional de Libros de Texto Gratuitos.

HISTORIA Y SOCIEDAD

"Hoy, en las últimas dos décadas del siglo XX: el matrimonio del príncipe Carlos y la princesa Diana muere (ella también muere, pero después... no estuvo relacionado con su fallido matrimonio, dicen... Kate, no te divorcies nunca, porfa); Paco Stanley es asesinado (y no por un pasón de cocaína); el reino del Partido Revolucionario Institucional termina (el reino de corrupción no)."

Con el fin del siglo, muchos círculos históricos, sociales y políticamente relevantes acabaron. Algunos de estos son extrañados, como la fantasía de que en el siglo XXI ya tendríamos automóviles voladores y dinosaurios de mascota. Otros no sabemos por qué se perpetuaron, como las telenovelas.

Éste es el capítulo sobre algunos de los eventos históricos y sociales que acontecieron en nuestro amado México entre 1980 y el 2000, año en el que Natalia Lafourcade andaba buscando un cerebro inteligente que no se emborrachara en viernes.

LAS TELENOVELAS

Durante años, Televisa y TV Azteca se han encargado de implementar el programa de educación pública más importante de México: las telenovelas.

De *Alcanzar una estrella* y *Muchachitas*, México aprendió sobre el talento, el éxito y la fama. De *El engaño*, sobre los nazis y los neonazis. De *Cuna de lobos* y *La usurpadora* aprendimos sobre la venganza. De *El premio mayor*, sobre las tentaciones del dinero. Y de todas las telenovelas aprendimos del amor, de la ambición, de la perseverancia y de cómo se vale soñar que, sin importar quién sea tu familia, quizás seas hijo de un hacendado rico o del dueño de una farmacéutica o de petroleros.

Las telenovelas son las posibles responsables de que las madres mexicanas sintieran la imperante necesidad de darle dos o tres nombres a sus hijos, y son definitivamente responsables de que llamaran a sus hijos por sus nombres completos para efectos dramáticos: ¿escuchaste, Ligia María de Guadalupe?

Este importante programa educativo, que data desde los tardíos cincuentas, con el Telesistema mexicano produciendo joyas como *Gutierritos* y la original *Teresa*, inculcó en varias generaciones de mexicanos que, si bien la vida comienza en el nacimiento, termina inevitablemente en la boda.

AL SERVICIO
DE LA COMUNIDAD
Y MUCHO OJO
___

Al servicio de la comunidad y *Mucho ojo* eran sólo dos de las múltiples máscaras que usaba el Canal 5, muy efectivamente, para disfrazarse de medio responsable y educativo.

Mucho antes de que llegaran las cadenas de WhatsApp y los posts de Facebook, el Canal 5 dedicaba unos minutos de tiempo aire para transmitir imágenes e información sobre personas que no habían vuelto a su hogar, pidiéndole a sus televidentes que compartieran cualquier información al respecto.

También sucedía que, entre cortes comerciales y programas televisivos, a veces aparecía Chabelo, la Chilindrina, el Chavo del 8 y hasta Don Ramón para decirte cómo negociar con un pederasta para que no te llevara a su lugar oscuro; desafortunadamente nunca se difundió una nota sobre cómo evitar el toque de Maciel.

El verdadero servicio que el Canal 5 le brindó a la comunidad con estos *spots* eran un par de minutos en los que podías correr al baño o a la cocina sin perderte de tu programa favorito o de los comerciales de Mattel.

EL TAROT POR TELEVISIÓN

WALTER MERCADO

—

Una vez que el comercio por televisión probó ser una inversión viable, los esotéricos del mundo no dudaron en meterse al ruedo y fue así cómo el tarot por televisión surgió. Ya no se necesitabas salir de la casa y hacer el ridículo buscando un tarotista, ya podías ser engañado desde la comodidad del hogar.

El mayor exponente de esta corriente de pensamiento fue Walter Mercado, un güero de Puerto Rico con excesivas cirugías plásticas que, siempre vistiendo un caftán, usaba una hora al día para leer horóscopos, enseñar hechizos y tomar llamadas para leerle las cartas a alguna cincuentona afortunada.

No importa tu postura ante lo esotérico, todo México ha buscado ayuda en las sabias palabras de Walter más de una vez.

Hoy nos sigue deseando que el cosmos nos colme de regalos y "sobre todo, mucho, mucho amor".

Solidaridad

PROGRAMA NACIONAL DE SOLIDARIDAD

PRONASOL

El "dale pa' sus chicles" del centro neoliberal. El original "ve a ver si ya puso la marrana" del gobierno federal a sus ciudadanos menos privilegiados. El intentar tapar el sol con un dedo de la política económica mexicana.

Este programa social fue una de las primeras acciones del entonces constitucionalísimo presidente de nuestra amada República Federal de los Estados Unidos Mexicanos, Mr. Carlos Calvito Bigotón Salinas de Gortari.

Instaurado en 1988, este programa pretendía ayudar a la activación económica de comunidades menos privilegiadas; esta ayuda se prestaría a través de recursos, incentivos, créditos a la palabra y de un llamado general a la participación organizada de la población. Si bien en principio aparentó ser una medida efectiva, un jarabe para la tos no es el antibiótico que va a curar la enfermedad. Sin embargo, nuestro brillantísimo gobierno ha intentado mejorar, relanzar, incluso, *rebrandear* el Programa Nacional Solidaridad y Desigualdad, convirtiéndolo en Progresa, Oportunidades y Prospera. Porque, aparentemente, tener palabras inspiradoras por nombre los va a hacer más efectivos.

LA HORA NACIONAL

La Hora Nacional empezó como un método del gobierno para estrechar la comunicación con sus constituyentes.

Todos los domingos a las 10 de la noche, el gobierno dedicaba una hora a la promoción de la cultura, mensajes de gobernación y técnicas mutantes de control cerebral.

En 1987 vino un cambio radical: *La Hora Nacional* dedicaría sólo treinta minutos del gobierno federal y los otros treinta a mensajes del gobierno estatal. Entonces, Baja California Sur, Campeche, Chihuahua, Tabasco y Zacatecas decidieron no hacer el esfuerzo de crear su media hora estatal y la calidad de vida en esos estados incrementó casi inmediatamente.

LOS NUEVOS PESOS MEXICANOS

El primero de enero de 1993, Carlos Salinas de Gortari decidió que este año nuevo también traería peso nuevo. Y no, no nos referimos al peso que tradicionalmente ganan los mexicanos durante el maratón Guadalupe-Reyes. Ni al peso de la cuesta de enero.

Debido a la inestabilidad económica que sufrió México al final de los años ochenta y principios de los años noventa, el gobierno le quitó tres ceros a la moneda mexicana; así nacieron los nuevos pesos, también conocidos hoy como pesos. Con estos llegaron monedas nuevas, billetes nuevos y una bonita confusión nueva en la cual nadie realmente sabía cuánto costaban las cosas. En otras palabras: una maniobra exitosa de la administración federal mexicana.

EJÉRCITO ZAPATISTA DE LIBERACIÓN NACIONAL

EZLN

—

Uno de los grandes duelos del fin del siglo. Según Televisa, los contendientes eran el Ejército Zapatista de Liberación Nacional, liderado por el Sub, y el Estado de Derecho, liderado por el poder ejecutivo federal.

Según archivos históricos, el EZLN fue en principio un levantamiento político, social y militar organizado por comunidades indígenas, las cuales pretendían reafirmar su presencia y su voz como parte del coro diverso de El Estado Mexicano. El "chéquense su privilegio" mexicano antes de que checarse el privilegio estuviera de moda.

Posteriormente esta lucha se transformó, a través del tiempo y del Congreso Nacional Indígena (CNI), en la campaña independiente de María de Jesús Patricio Martínez, la cual tuvo el mismo éxito que el Challenger tuvo en su vigésimo quinto vuelo (o sea, no mucho).

Las voces del actual EZLN y del CNI continúan pidiendo lo que han pedido durante años: compartir la tierra que heredamos en igualdad de circunstancias y con expreso reconocimiento institucional de mismos derechos y oportunidades de crecimiento en aspiraciones, metas y calidad de vida. O sea, algo así como el feminismo pero para indígenas. A fin de cuentas, todos somos ciudadanos: hombres, mujeres, cisgénero, transgénero, indígenas, inmigrantes, naturalizados, pejezombies, derechairos... incluso los zoosexuales de sexto grado.

TRATADO DE LIBRE COMERCIO DE AMÉRICA DEL NORTE

TLCAN

La globalización fue el Harvey Weinstein de los años ochenta y los años noventa: estaba de moda y manoseándose a todo el mundo. Con la fundación del Foro de Cooperación Económica Asia-Pacífico, el Tratado de Libre Comercio de Canadá y Estados Unidos y el advenimiento de la Unión Europea, México no se quiso quedar atrás y pidió un asiento en la mesa de los adultos.

En diciembre de 1992, el primer ministro canadiense Brian Mulroney, el presidente estadounidense George H. W. Bush y el presidente mexicano, nuestro honorabilísimo Maestro limpio región 4, Carlos Salinas de Gortari, firmaron el Tratado de Libre Comercio de América del Norte, que tenía como propósito eliminar barreras aduaneras, reducir costos y disminuir obstáculos para facilitar la circulación de bienes y servicios entre México, Estados Unidos y Canadá.

En 1994, el TLCAN fue la razón por la cual pudimos importar cultura norteamericana sin reparos. Hoy es la razón por la cual miles de profesionistas mexicanos que laboran en Estados Unidos y miles de empresas que exportan e importan entre Estados Unidos, México y Canadá viven una constante ola de ataques de pánico.

TERREMOTO DE 1985

Recientes acontecimientos permitirían un chiste fácil, una referencia rápida, una comparación ingeniosa o aguda; sin embargo, la única comparación que vale la pena realizar es que a través de los años, de diversos eventos y de distintas circunstancias, hemos probado que el verdadero héroe de México es el mexicano.

ECLIPSE SOLAR DEL 11 DE JULIO DE 1991

Cortina de humo o no, el 11 de julio de 1991 los astros se alinearon para regalarle a México un asiento de primera fila al espectáculo astronómico y visual conocido como un eclipse solar total.

Por supuesto que el gobierno mexicano, prontísimo a participar de este evento, creó una comisión especial intersecretarial, una suerte de Alto Consejo de la Federación Galáctica de las Alianzas Libres, a través de la cual se difundió información sobre este espectáculo astronómico y las mejores prácticas para disfrutarlo.

Se suspendieron clases, las oficinas gubernamentales no laboraron y mi papá sí fue a trabajar. Muchos recuerdan con cariño haber compartido este evento con familiares y amigos; algunos usando filtros especiales, otros con telescopios, otros más a través de la televisión y desde la comodidad de su sillón, y hubo quienes lo hicimos con una cubeta de agua en el patio, como niños mexicanos de verdad. También hubo quienes decidieron disfrutar del eclipse a ojo pelado, lo que resultó en 96 personas con daños temporales a la vista.

Posible evento responsable del "no veas al sol, chamaco, que vas a quedar ciego" de los años noventa.

1994

CRISIS ECONÓMICA DE MÉXICO DE 1994

—

Crisis nacional. Ésta, a diferencia de la crisis que actualmente estamos atravesando, no fue importada sino hecha con el sudor de la frente de nuestro gobierno.

Cuando Carlos Salinas de Gortari toma la presidencia en 1988, nuestro Maestro Limpio región 4 logra enamorar a la inversión extranjera con la firma del TLCAN y unos bonos muy bonitos que se compraban y se vendían en pesos pero estaban valuados en dólares. Sin embargo, nuestra honorable moneda nacional, el peso, no estaba ni cerca de tener la estabilidad económica que mereciera la confianza de la inversión privada; la cual, al caer en cuenta del tumulto social, político y económico en el que se encontraba en México, se retira y deja las arcas del gobierno casi vacías. Esto derivó en una fuerte devaluación del peso mexicano, el cual se había ido a dormir valiendo 0.33 centavos de dólar y amaneció valiendo 0.12 centavos de dólar. Algo así como cuando te duermes con tu morra recién bañada y desmaquillada para amanecer con tu morra despeinada con aliento de muerto, lagaña en el ojo y baba seca en la comisura del labio: sigue siendo tu morra y la sigues queriendo pero, mi amor, ve a lavarte los dientes, ¿sí?

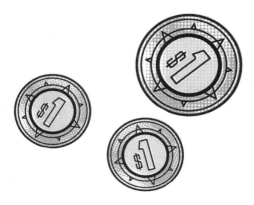

El descontento social que dio a luz la insurrección del EZLN, el asesinato del candidato a la presidencia por el PRI, Luis Donaldo Colosio y la creciente deuda extranjera que había estado acumulando México desde finales de los años ochenta fueron algunas de las circunstancias que permitieron esta crisis.

El error de diciembre desató la cuesta de enero más difícil que ha vivido México. Este error es tan atribuible única y exclusivamente a Ernesto Zedillo de la misma manera que lo es la guerra contra el narcotráfico a Enrique Peña Nieto: o sea, no mucho. Al menos no completamente. Sin embargo, de haber tenido Twitter en ese entonces probablemente sí habría existido un #RenunciaZedillo que archivar en los anales de la historia digital mexicana.

En corto: la crisis de 1994 es la razón por la cual millones de mexicanos desarrollaron un terrible temor a las tasas de interés variable.

CUAUHTÉMOC CÁRDENAS SOLÓRZANO

El estandarte de la virgencita de Guadalupe de la izquierda mexicana. El Luke
Skywalker del PRI. El *I'll be back* de las
campañas presidenciales.

En 1988 se lanzó como candidato independiente a la presidencia apoyado por el Frente Democrático Nacional y otras
agrupaciones políticas: perdió. En 1994 volvió a hacer campaña;
esa vez a través de su nueva y flamante Liga de la Justicia, el
recién fundado Partido de la Revolución Democrática (PRD).
Volvió a perder. En 1997 se irguió como el primer jefe de gobierno del ya difunto Distrito Federal; puesto que luego dejó
para contender como candidato presidencial en el 2000; con-
tienda que también perdió.

Fundador del PRD, el cual posteriormente dejó; como tí-
pico amigo que arma la fiesta en tu casa y se va antes de que
termine, dejándote los platos rotos, los vasos sucios y el vómito
en el suelo.

Relevado en la boleta electoral del 2006 por Andrés Manuel
López Obrador. Si bien AMLO insiste que su ídolo político
es Lázaro Cárdenas, el padre de Cuauhtémoc, todos sabemos
que, muy a la Helga de *Hey Arnold!*, Amlibebé seguramente
tiene en su armario una estatua de chicles de Cuauhtémoc
Cárdenas.

CARLOS SALINAS
Y LUIS DONALDO COLOSIO

La fecha es 23 de marzo de 1994. El escenario es Lomas Taurinas, Tijuana. Son las 5:12 de la tarde, hora local, y sonaba de fondo "La culebra"; 7:12 hora del entonces Distrito Federal.

El duelo ocurre entre los dos contendientes por el futuro y por el corazón de ciudad Gótica.

El encuentro comenzó con un despliegue político de palabras y emociones como nunca antes se había visto de parte de un candidato presidencial, pero su enemigo, Aquel-Que-No-Debe-Ser-Nombrado, contraatacó con su mejor jugada: proxy de gordo local. El equipo de campaña colosista, como la orquesta del Titanic, se quedó tocando su mismo son mientras veían cómo todo se derrumbaba, en el país.

Este incidente resultó en que el siguiente capítulo de la historia mexicana fuera compuesto por Carlos Salinas de Gortari e interpretado por Ernesto Zedillo Ponce de León.

BILL CLINTON
Y MÓNICA LEWINSKY

En 1998, al marido de Hillary Clinton, entonces presidente de Estados Unidos, se le cruzó por la mente la idea de romancear con la becaria. Me gusta, yo le gusto, nos gustamos, nos llevamos bien, mi mujer no tiene bronca, ¡¿por qué no?! Pues porque los actos tienen consecuencias, William Jefferson. #MeToo, Bill, #MeToo.

Éste fue el espectáculo que se convirtió en la peor cobertura mediática de un escándalo político... al menos hasta la cobertura de la campaña de Donald Trump.

Para el fandom mexicano, quienes seguían las actualizaciones a través de la versión de trajes y hombres serios de Pati Chapoy, éste era chisme de primera calidad.

No sé, Hillary, una vez te creo que se le escape la liebre a la escopeta, pero ¿dos ocasiones?... A lo mejor sí debiste ir a Wisconsin.

En los noventa, las madres mexicanas usaban esta noticia como comentario familiar de por qué debíamos mantenernos vírgenes y castos hasta el matrimonio. Afortunadamente luego llegó internet.

RIGOBERTA MENCHÚ

Con una voz característica, esta mujer indígena, guatemalteca, del grupo maya quiché ha encabezado un movimiento de denuncia pacífica ante el régimen político guatemalteco. Algo así como la Gandhi latinonamericana. Premio Nobel de la Paz en 1992.

Según Ricardo Arjona, Rigoberta Menchú es la Cindy Crawford de sus paisanos; lo cual hoy equivale a una Kim Kardashian si cambiamos el activismo por un *sex tape* o por más de un escándalo de la farándula.

PAQUITA LA DEL BARRIO
FRANCISCA VIVEROS BARRADAS

Doña Francisca Viveros Barradas, mejor conocida como La reina del pueblo, La guerrillera del bolero o, más familiarmente, como Paquita la del Barrio.

Es una leyenda augurada en los cantos del cenzontle y en el "Cielito lindo" que viene bajando de Alto Lucero, Veracruz.

Cantante antes que nada pero, acompañada de su historia y su talento, se ha colocado como icono de la cultura mexicana; especialmente cerca del corazón de la mujer mexicana, independiente, fuerte e irreverente. Por esta razón, más de una vez se ha interpretado a sí misma en cine y televisión.

Nunca sabremos si el lunar que lleva junto a la boca se lo dio a alguien alguna vez, pero eso es negocio de Doña Paca, ¿verdad?

Le agradecemos sus canciones y le admiramos que canta como sólo ella canta.

POLO POLO

LEOPOLDO ROBERTO GARCÍA PELÁEZ BENÍTEZ

———

Antes de que los hipsters le entraran al *stand-up comedy*, estaba Polo Polo. Si sabes lo que es El vampiro fronterizo, sabes exactamente qué hacer con un bistec cuando te bajes del banquito. No podemos decir groserías en este libro pero podemos asegurar que Polo Polo nos enseñó groserías que ni él mismo sabía que existían y, por ello, era considerado un genio entre estudiantes de secundaria y preparatoria. Sus cassettes se compartían entre pubertos como si fueran videos porno, muy a pesar de las mamás de la época, que no estaban acostumbradas al lenguaje florido de Don Leopoldo.

Sin embargo, tenemos que decir que Polo Polo era más que un señor gritando groserías; sus chistes, a veces larguísimos, nunca terminaban del modo tradicional porque "el chiste" era escuchar a Polo llegar lentamente a la conclusión... y mentando muchas madres en el proceso.

¿Eso cuenta como grosería?

CARISAURIO

POR CARITELE

Entre 1993 y 1998 ocurrió un fenómeno televisivo muy peculiar: Caritele.

Este programa de concursos y caricaturas alternaba a Adriana de Castro, la conductora, con un dinosaurio verde que chiflaba en vez de hablar. Algo así como LSD, para niños, pero sin afectar la sinapsis cerebral, al menos visiblemente.

El Carisaurio presentaba los comerciales y hacía la transición entre caricaturas menos dolorosa. Sí: la época antes del *streaming* era extraña.

IVONNE E IVETTE

Como las gemelas Olsen en Estados Unidos, Ivonne e Ivette arrasaron con el mundo de la moda y el entretenimiento en México.

Eran conductoras, cantantes y edecanes de televisión infantil hasta que a alguien se le ocurrió que sus *outfits* eran más para atrapar a los padres de familia y no a los niños de la casa.

CEPILLÍN
RICARDO GONZÁLEZ GUTIÉRREZ

—

Ricardo González Gutiérrez era un dentista que un día decidió convertirse en payaso (básicamente la historia de Hugo Sánchez pero con maquillaje; o sea, la historia de Hugo Sánchez). Esto le permitió salir en la televisión con el nombre de Cepillín, uno de sus magnos propósitos era que los niños de la época recordaran lavarse muy bien los dientes (ritual que, según nuestros investigadores, aún se lleva a cabo en México, con o sin Cepillín).

Con su particular voz que imitaba a Chabelo, nos cantaba "La feria de Cepillín", "En un bosque de la China" (*that's racist*) y "El piojo y la pulga", quienes, muy valientemente para su época, decidieron casarse y hacer público su amor. #LGTPP.

TOPO GIGIO

—

Mitad ratón, mitad topo, mitad Gigio y 100% italiana, esta marioneta acompañó a miles de niños a la cama pero, a diferencia de Marcial Maciel, Gigio lo hizo cantando y deseándoles una buena noche.

"Hasta mañana, si Dios quiere, que descansen bien", decía su canción más popular y, como buena invocación a Dios, esto dejaba a los papás libres de niños gritones después de las 8 pm.

Su desaparición en la televisión mexicana coincidió con la llegada de marionetas extranjeras como las de *Plaza Sésamo*, *El castillo de Eureka* y más adelante, *Dinosaurios*, que llevó el concepto de marioneta a nuevos niveles gracias a Jim Henson y compañía.

EL CLUB DE LOS 27

—

La ventaja de que no hubiera internet en los noventa es que no había testigo alguno de las idioteces que hacíamos; la desventaja era más clara: cuando algo se convertía en tendencia era porque estaba tanto en la caja de cereal como en horario estelar con Jacobo.

Resulta que en 1994 se le ocurrió a Curco Bein comerse un sándwich de escopeta para informarle a su banda que se salía: estimada audiencia, tenemos que ponernos de acuerdo sobre cómo y cuándo sí está chido burlarse de la muerte; no podemos seguir así, Carmelo.

Contando la crucial coincidencia de que el cantante de Nirvana y marido de Courtney Love tenía 27 años al momento de su muerte, se revivió una vieja leyenda urbana, alimentada por LSD y Rock & Roll, que decía que las personas que se dedican a la música y que sufren de constante acoso por parte de fans, enloquecen y mueren a la tierna edad de 27 años.

CHUPACABRAS

Alebrije importado de Puerto Rico. El Nessie latinoamericano. Nuestro hombre lobo región 4.

Cortina de humo o no, este animal protagonizó su propia película en el 2005, *Chupacabra: Dark Seas*.

LUCHA LIBRE

La locura de folclor, de los colores y de hermosos y gigantes cuerpos sudados saltándose uno encima del otro, mientras una turba enardecida clama por la destrucción figurativa del personaje ficticio representado por la persona que entre deporte y teatro le da vida a un ídolo, una leyenda, un astro de la historia nacional.

Los noventa fueron el caldo de cultivo para Octagón, Máscara Sagrada, Tinieblas, Mil Máscaras, El Perro Aguayo, El Tirantes, ¡Alushe!, ¡LOS RUDOS LOS RUDOS LOS RUDOOOOOOOOS!, y ¡EL ATLANTE!

RETO PEPSI

Si estabas en México a principios de los noventa y entrabas a un centro comercial, concierto o aeropuerto, inevitablemente te topabas con un equipo muy curioso disfrazado de logotipos de Pepsi haciéndote una oferta que no podías rechazar: refresco gratis.

¿Cuál era el truco? ¿Cuál era el reto? Tomar refresco de cola de dos vasos y decidir cuál te gustaba más. Un vaso contenía Coca-Cola y el otro Pepsi. La compañía estaba tan segura de los niveles de azúcar que puso en su fórmula que apostó a que todos escogerían Pepsi. Y sí, ése era el caso, la mayor parte del tiempo. Al final no ganabas nada más que unos tragos de refresco en competencia, no importaba de qué equipo fueras... lo que importaba era que REFRESCO GRATIS.

ALBUM DE ESTAMPITAS
POR PANINI

Querida o querido chavorruco, cierra los ojos un minuto e imagina el mundo sin internet.

Exacto. Por eso, en los años noventa coleccionábamos álbumes de todo. Era como si hubiera una especie de conspiración multicorporativa para tenernos siempre juntando el siguiente álbum de estampitas; era como si supieran qué caricaturas estábamos viendo y qué nos gustaba; era como si supieran cuáles eran los mejores cuadros para plasmar en una pequeña imagen tamaño cartera. Era como Google Ads pero divertido y voluntario.

Éramos jóvenes pero nos dábamos cuenta de que nos querían ver la cara porque, a pesar de que eran exactamente la misma cantidad de cartitas en todas las colecciones, siempre era el mismo problema: por un lado tenías cajas y cajas de tarjetas repetidas con la cara de Krilin, el equipo de Camerún, Sailor Mercury o escenarios de expresionismo abstracto; por otro lado, conseguir a Claudio Suárez o a Oliver Atom era prácticamente imposible.

FASCINACIÓN CON EL ESPACIO

La obsesión noventera con el espacio no terminó en los productos comerciales, sino que se hizo presente en todos los ámbitos culturales.

Como los dinosaurios, el espacio exterior se puso de moda en los noventa. ¿Por qué? Suponemos que por la misma razón por la que los aliens y Donkey Kong fueron la sensación de los ochenta. Esto fue antes de que se popularizara el viaje espacial en México, gracias al primer astronauta mexicano y narrador de *Buscando a Dory*, el doctor Rodolfo Neri Vela.

Comenzando con "Total Eclipse of the Heart", encontramos maravillas como "Standing on the Moon", "Man on the Moon" y "Song about the Moon". En el cine nos topamos con *El quinto elemento*, *Apollo 13*, *Contacto*, *Aliens*, *Star Trek*, *Mi novia es una extraterrestre* y, la obra maestra del cine contemporáneo, *Space Jam: el juego del siglo*.

Si bien no encontramos un hilo conductor para explicar este fenómeno, se tiene que aceptar que todo esto es una metáfora, una carta de amor a las posibilidades que nos dieron los noventa y a la nostalgia que ahora presentan. Tal como lo dijo Lissette Álvarez:

Érase una vez una historia feliz,
que ahora es sólo un cuento de horror.
Ya nada puedo hacer,
eclipse total del amor.

ALIENS

Los noventa vieron, también, un resurgimiento inusual de la fascinación por los aliens.

Durante décadas, la existencia o no de vida en el espacio era interés casi exclusivo de Jaime Maussan, pero cuando el año 2000 se acercaba, se llegó a la conclusión de que los aliens, por decisión unánime de su congreso, se harían visibles en el cambio de siglo.

Así, nos preparamos con máscaras, mochilas, lápices, folders, playeras, películas, libros y exploraciones científicas.

En el momento en el que se escribe este libro los alienígenas no han decidido manifestarse (creemos que es culpa de Justin Bieber), pero gracias al furor noventero estamos preparados para recibirlos y pedirles asilo.

Por favor, se los suplicamos, ya no queremos estar en este mundo.

RESURGIMIENTO DE FRIDA KAHLO

—

Durante años conocimos a Frida Kahlo exclusivamente por su matrimonio con Diego Rivera, muralista mexicano por excelencia. Al aburrirnos del marxismo de Rivera, casi al mismo tiempo que aceptamos la globalización, nos vimos forzados a buscar un nuevo icono. Así nace el resurgimiento de Frida, quien no sólo nos dio una figura mexicana para idolatrar sino que también nos dio la oportunidad de hacernos pasar por feministas mientras disfrazamos nuestras raíces hipsters: ¿qué mejor manera de apoyar el desarrollo de la mujer que usando playeras con la cara de una mujer con uniceja y changuitos?

TECNOLOGÍA

Hubo una vez un tiempo en que las baterías no eran recargables y las televisiones pesaban 75 kilos. O sea que todo entretenimiento moderno estaba relegado a las casas y, para quien quisiera gastar 8 000 pesos en pilas durante los largos caminos en carretera.

Cuando uno necesitaba un escape rápido de la realidad tenía que sacar un cubo de Rubik o, ya más adelante, el juego de viborita de los celulares Nokia. Así es: no podías ni jugar Buscaminas porque las laptops también pesaban 75 kilos. Ésta también se convirtió en la época de las computadoras personales, la cual convirtió a Solitario, un viejo juego de cartas, en la pérdida de tiempo oficial de chicos y grandes alrededor del mundo. La época dorada del Walkman que se convirtió en Discman y del Gameboy que se convirtió en... nada, porque el Gameboy nos duró el equivalente digital a lo que nos duró el vochito.

Todo avanzó muy rápido siguiendo algo llamado la Ley de Moore (cuidado: CIENCIA), la cual dice que cada dos años el poder de un aparato electrónico se duplica (y por lo tanto, su precio cae). También vino a nuestras vidas el concepto de obsolescencia programada... la técnica ninja que usan las empresas para que el *gadget* que compraste mágicamente se eche a perder apenas acabe la garantía. ¿Qué? ¿Creíste que era coincidencia? Es decir, estos fueron los inicios en los que se nos intentó vender una y otra vez el mismo producto pero más pequeño y con más funciones, abriendo paso a la siguiente generación, obsesionada con las versiones anualmente renovadas de sus celulares (en los que, por cierto, siguen jugando viborita).

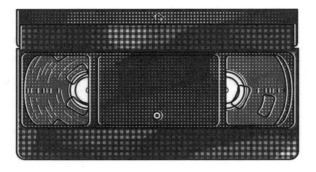

VHS
Y BETAMAX
—

Antes del Blu-ray, inclusive antes del DVD, las películas se reproducían utilizando una cinta magnética enredada entre dos engranes en un rectángulo que medía 18 centímetros de largo, 10 de alto y 2.5 de ancho. Dado que era una cinta y no un archivo digital, no existían los subtítulos y se tenía que ver una versión doblada al español sin importar qué tipo de película fuera, ¡recórcholis!

Su hábitat natural eran los ahora difuntos Blockbusters, en donde, dadas sus exorbitantes proporciones, daban la ilusión de tener gran variedad.

Si tenías un VHS tenías que manejar al Blockbuster (o Videocentro o Video-Ponchito, si vivías en provincia), escoger la película, regresar a tu casa, retroceder la cinta y presionar play. Esto tomaba aproximadamente la misma cantidad de tiempo que ahora te toma escoger una película en Netflix.

PAGER, BEEPER Y NEXTEL

Antes del WhatsApp y de los DM, las personas tenían que comunicarse de alguna manera sin hacer una llamada. Es así como la tecnología del *pager* y el *beeper* llegó a nosotros. Contactar a tus seres queridos era tan fácil como llamar a un número, dar un mensaje a una operadora desconocida y confiar que le haría llegar tu nota a tu papá.

Después Nextel llegaría a México, celular y walkie-talkie que nos hacía ver como policías del futuro. Gracias Steve Jobs y Lee Byung-Chul por acabar con esta atrocidad y darnos los celulares inteligentes y, así, un semblante de dignidad.

WALKIE-TALKIE
COMUNICADOR PORTÁTIL
___

Era como tener dos vasos conectados por un hilo, excepto que el hilo era el abuelito del internet. Viéndolo en retrospectiva (o sea: escribiendo esto desde un teléfono inteligente), la idea de que tengas que comprar un paquete con dos radios iguales que son capaces de comunicarse únicamente entre estos dos dispositivos (y cualquier voyeurista que estuviera en la misma frecuencia) con nula privacidad suena a una tomada de pelo. Pero, en esoch viejoch díach, los walkie-talkies eran el instrumento que te acercaba un pasito más a ser como Rambo.

SHORT MESSAGE SERVICE
SMS
___

Actual bastión de UNOTV, en su inicio el Short Message Service (o SMS) fue un servicio de mensajería instantánea que, durante los años noventa, nos permitió disfrutar de mandar mensajes breves a dispositivos portátiles. El inicio del fin de las llamadas telefónicas.

Al principio, cada mensaje costaba un peso (sí, $1.00); lo que se traducía a que cada vez que tu papá te respondía "ok" a cualquier cosa que le mandaras, inmediatamente corría en tu mente el mismo estribillo de siempre: "Te cobran por mensaje, papá, ¡no por letra!"

TARJETAS LADATEL

Las tarjetas telefónicas Ladatel tenían un tamaño de 85 x 54 milímetros con un chip telefónico que conectabas a unas cabinas con teléfonos fijos gigantes que crecían del asfalto como árboles de metal con plástico. Las tarjetas tenían diferentes diseños acoplados a la estética de la época. En pleno 1990 y con la ola de colores brillantes, la tarjeta de 20 pesos era una tarjeta blanca con la tipografía naranja, la de siguiente denominación era azul y la siguiente era rosa.

Con el paso de los meses, Telmex se dio cuenta de que estas tarjetas con tanto espacio vacío eran los perfectos soportes para publicidad, rompecabezas, obras de arte, juegos, calendarios, propaganda gubernamental. Vaya, ya tu sabeh, Carlos Slim no le pierde.

RELOJ CALCULADORA

Es un reloj que tiene una calculadora. Por supuesto que en una época en el que los aparatos electrónicos y tecnológicos eran, como los hombres, *unitaskers,* fue revolucionario que un reloj pudiera hacer algo más que darte la hora. En cambio, hoy hasta los refrigeradores tienen una cámara interna conectada a internet para vigilar tu pastel de chocolate y también monitorear los *likes* que le das a tu amiguita... pero, empezando los noventa, un reloj calculadora te convertía en lo más cercano al inspector Gadget.

FLOPPY DISK

ALIAS DISKETTE

Bisabuelito de la nube, abuelito del USB y papá del CD-ROM, este temprano instrumento del meme nos permitía consumir y compartir deliciosos *bytes* de información portátil.

Era común que estos dispositivos perdieran su capuchita, y era común que te dijeran (tus papás) que podías evitar que se le cayera, por lo que te regañaban por no cuidar tus (sus) cosas.

Dependiendo del tamaño del archivo (y considerando que fueron mejorando los protocolos), en un día cotidiano podías guardar dos tareas de tres materias en Word y además esconder entre carpetas algunas imágenes "de las que más te gustaban".

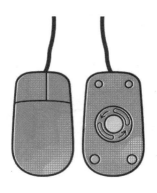

MOUSE DE BOLITA

Antes de que la tecnología láser llegara a nuestros escritorios... olvida eso: antes de los *touch screens*, nos comunicábamos con todas las computadoras vía *mouse*. Estos "mouseses" funcionaban con un sistema mecánico rotativo patentado; es decir, una bolita. Esto fue relevante en su tiempo porque entre más lo usabas, más mugre del escritorio se acumulaba en la bolita, convirtiéndola en un cultivo digno de estudiarse por algún becario de microbiología. Sin embargo, si después de un tiempo no se aparecía tu becario, tenías que sacarla y limpiar el mecanismo con una pinzas (o con tu dedito, si no te daba asco).

CABLEVISIÓN

Si eras pobre en los noventa, tenías que ver tele abierta. Si eras rico y tenías antena parabólica, podías ver hasta la BBC de Londres. Pero si vivías en algún punto medio, tenías Cablevisión.

En esos tiempos, las televisiones no llegaban más allá del canal 12. El modo en que Cablevisión arregló esto fue dándole a cada cliente un "convertidor"; una especie de control remoto con docenas de botones que parecía computadora de película de El Santo. Cada botón hacía un satisfactorio *click* cuando lo presionabas (y más satisfactorio era tener MTV y Cartoon Network cuando esos canales todavía pasaban videos musicales y caricaturas respectivamente).

ANTENA PARABÓLICA

Los discos de acetato son al MP3 lo que la antena parabólica es al Sky o al Dish (o a cualquier servicio que actualmente se ha vuelto obsoleto gracias a Netflix): versiones gigantescas de la misma cosa que vino algunos años después.

Las antenas parabólicas eran un instrumento que te permitía tener una ventana al mundo "de afuera"... ya sabes, "al extranjero".

Lo que fuera en los noventa símbolo de estatus, fuente de contenidos de otros países y *prop* que permitía aumentar artificialmente la altura de tu casa (porque, como todo en este país, el tamaño de la casa parece importar más que el calor del hogar), ahora se ha convertido en un tendedero gigante que está hundiendo el techo.

WALKMAN Y EL CASSETTE

La historia de compañías que se roban inventos que permiten la reproducción portátil de música no empezó con el iPod, ni con Jesús Martínez (inventor del MP3), sino con un sistema de cables, electricidad e ingeniería que permitía mediante una diadema con audífonos escuchar música de manera personal y en movimiento. Pero no mucho movimiento, por favor, o la banda magnética se sale de su sitio y deja de escucharse.

En los años noventa, tener un Walkman era un signo de estatus mientras los cassettes eran el modo romántico de dedicar una canción, la única forma de conocer la música nueva de tu grupo favorito, o una muerte segura en manos de las canciones de Barney el dinosaurio en bucle durante cinco horas por la carretera a Toluca.

NOKIA 918
LA VIEJA Y CONFIABLE

El primer aparato electrónico capaz de ser usado como arma mortal. Producto de una época en la que no importaba si se te caía el celular al suelo, a menos que tuvieras miedo de hacerle daño a tu preciado suelo.

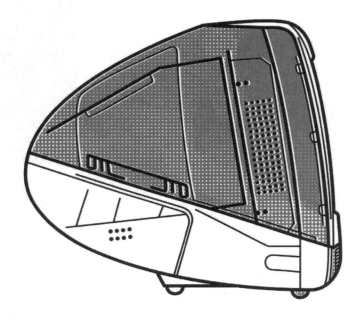

IMAC + IBOOK

La emoción del internet (la "i" venía de "internet", según Steve
Jobs) y la simplicidad de Macintosh: así se promocionó la primera iMac en 1998, cuando Jobs todavía rockeaba los trajes
en vez de su popular uniforme de camisa negra de cuello de
tortuga y jeans. Estos aparatos se convirtieron en un icono
de lo cool, a pesar de que inicialmente no eran compatibles con
absolutamente ningún programa que conocieras.

WINDOWS 95
CHICAGO

Para la persona de a pie (o sea, sal a la calle, detén aleatoriamente a alguien... esa persona) Windows 95 fue cuando las computadoras empezaron a existir. Antes también había, pero tenías que saber cosas para manejarlas, con Windows 95 sólo tenías que mover la flechita, abrir el pincelito y ya podías dibujar en la pantalla. O escuchar música. Además, gracias a Office 95, la Windows 95 se convirtió en la nueva supermáquina de escribir que te sacaría de los problemas de artritis de antaño, mientras mejorabas tu ortografía.

Sin duda la mayor innovación vino de parte de la aplicación Solitario, que permitió a millares de protogodínez (o sea, como Godínez pero de los noventa) evadir la realidad de un trabajo alienante en una oficina oscura y sin ventilación hacia un mundo que parece inspirado en *Alicia en el país de las maravillas*, como *Matrix* pero sin lo emocionante.

MICROSOFT ENTERTAINMENT PACK
FOR WINDOWS

Ir a la barra de inicio de Windows, hacer una travesía hasta la pestaña Accesorios y, posteriormente, buscar la pestaña Juegos era la ruta ideal para perder tiempo sentado frente a la computadora cuando tu mamá estaba hablando por teléfono y no podías conectarte a internet. O cuando estabas en clase de computación y, en vez de estar aprendiendo MS DOS, Dreamweaver o Where In the World is Carmen Sandiego, decidías jugar Buscaminas o el jueguito del ski de nieve donde si tenías suerte te aparecía un Yeti versión pixel.

ENCICLOPEDIA ENCARTA
MICROSOFT ENCARTA

Producto no pionero de Microsoft. El papá de Wikipedia pero sin el internet... Y sin el acceso abierto. Y sin la comunidad. Y sin los foros. Y sin la posibilidad de colaborar con personas de todo el mundo. Y además tenías que pagar por tenerla.

O sea, una enciclopedia cualquiera pero en la computadora. Lo cual estuvo bien hasta que las maestras de todas las escuelas se dieron cuenta de que todos los ensayos entregados venían de exactamente el mismo CD que todos tenían en sus casas.

NAPSTER
.EXE

A finales de los noventa, antes de los comerciales de Spotify, si querías escuchar música gratis tenías que bajar este programa en tu computadora de escritorio.

Su funcionamiento era complejo pero su uso era muy simple: gente alrededor del mundo convertía CDs en archivos MP3 y los subía a la nube. Esto permitía que otros fans subieran sus discos a cambio, creando una reacción en cadena de piratería que no habíamos visto desde Tepito. Obvio, a las disqueras y a Mixup no les encantó la idea. Era una especie de estado comunista alrededor de la música y, como la Unión Soviética, cayó al principio de una década dominada por nuevas tecnologías y mayor control de los corporativos. Es decir, cerraron Napster porque era el tianguis más grande del mundo; tan grande, que los de Metallica los demandaron por tantos millones que tuvieron que cerrar el servicio.

Una vez más, gracias por arruinarlo todo, Metallica. Ésta te la apuntamos junto a *ReLoad* y *Death Magnetic*.

MIRC
INTERNET RELAY CHAT

mIRC era el sistema con el que la gente se comunicaba en internet antes de los foros y las redes sociales. Como con los hashtags actuales, cada canal comenzaba con un #, de modo que podías entrar a platicar con gente de #mexico, de #argentina o de #pornogratis (el mejor país del mundo).

Aquí era donde habitaban los amigos imaginarios que no eran imaginarios; aquellos que las tías juraban sólo nos querían para secuestrarnos y vender nuestros órganos.

Este sistema dio paso a mensajeros privados como MSN Messenger, Yahoo AIM y, eventualmente, WhatsApp.

GAME BOY

Inventado supuestamente por un padre desesperado porque sus hijos no salían de su casa, el Game Boy vino a revolucionar el mundo de los videojuegos. Lo que antes necesitaba estar conectado a una televisión se volvió portátil y así se dio el primer paso para cosas como los jueguitos en los celulares. Es decir, antes de la viborita ya había pubertos que se estrellaban con postes por querer pasar de nivel en *Mario Bros*.

SUPER NINTENDO

SNES

Este aparato fue una de las principales razones por las cuales crecimos con la idea de que la mayoría de los problemas se solucionaban con soplar un poco el cartucho y darle un par de zapes a la consola.

Si tu mejor amigo de la secundaria tenía un Super Nintendo, posiblemente ésa era una de las razones de su estrecha amistad... porque nada dice amistad como compartir horas de cohabitación física frente a una videoconsola jugando *Super Mario World.*

Para explicar qué es el Super Nintendo (fenómeno ultra esponjoso de mediados de los noventa) es fundamental entender qué hizo al Nintendo Entertainment System (NES, su predecesor) tan importante en la historia de los juegos. Y para entender la importancia del NES, necesitamos irnos más para atrás y, por respeto a la audiencia, voy a parar aquí porque, como dicen, el valor de las cosas radica en su historia. Basta con decir que todo empezó con *Pong.*

El Super Nintendo nos dio joyas del arte interactivo tan refinadas como *Street Fighter II* y el *Mario* ése que tiene al Yoshi. Y bueno, a Yoshi. Porque todo mundo ama a Yoshi.

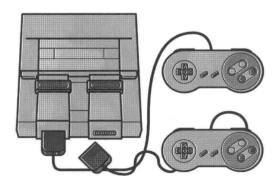

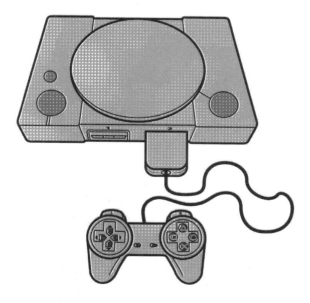

PLAYSTATION

PS1

—

Tan sólo diez años después de la profecía de George Orwell, salió al mercado la primera consola de videojuegos dirigida a un público más "maduro", que es la forma que usan los mercadólogos para hablar de las personas "más chavorrucas". Porque, ¿qué es un chavorruco sin su consola favorita? ¡Exacto, persona ficticia que estoy señalando en la audiencia imaginaria (aunque tú, persona que nos lees, no puedas verlo)! Un millennial temprano cualquiera.

El PlayStation le dio interés y variedad a nuestra vida, ahora podíamos ver a los gamers haciendo algo que no fuera jugar videojuegos: pelearse por ver cuál consola es mejor.

También pudimos ver a las primeras mujeres que no eran gamers y querían jugar a ser gamers haciendo algo que causaba más ternura que admiración: jugar *Spyro the Dragon*.

SUPER MARIO BROS.

Un par de hermanos italianos unen sus fuerzas para rescatar a la princesa Peach de las garras de Bowser. Evidentemente, un objeto cultural de una época donde todavía no le ponían feminismo a nuestro consumo cultural.

El juego consiste en una serie de obstáculos que, con un poco de ingenio y mucha agilidad, se deben cruzar para, en algún momento, llegar al castillo y rescatar victoriosamente a la princesa. A lo largo de los años esta trama ha sido utilizada en distintas facetas, dando como resultado varias iteraciones de la misma jugada: *Mario Bros.*, *Super Mario Bros.*, *Super Mario 64* y así hasta *Super Mario Odyssey* y al infinito. Algo así como lo que le pasó a los Power Rangers. Sin embargo, una línea temática causa problemas: que secuestren a la princesa una vez es falta de cuidado, dos es mala suerte pero, Mario, tienes que empezar a cuestionarte si Peach en realidad no quiere estar contigo o tiene síndrome de Estocolmo.

SUPER MARIO KART

—

Nunca volverás a ver tres globos de la misma manera.

Este juego también lograba confundir hasta al ninja más entrenado por su particular división de pantalla.

DOOM

Eres un *marine* gringo en misión en Fobos, una de las lunas de Marte. Un *plot point* superinteresante hace que se abran las puertas del infierno y tus antiguos amigos de batallón se conviertan en cuerpos zombis poseídos por demonios y espíritus malignos que intentarán despedazarte mientras tú les haces lo mismo con instrumentos explosivos y mecanismos con pólvora cada vez más sofisticados.

DOOM fue El juego a partir de 1993 y permitió, por primera vez para una PC, que los jugadores pudieran diseñar, compartir y participar en escenarios propios.

GOLDENEYE

Gracias a la historia de éxitos que había sido James Bond para generaciones anteriores y al gran impacto que *DOOM* tuvo en el mercado, en 1995 salió en cines la siguiente entrega de este agente secreto: *El ojo dorado*. La película consiguió el éxito aun sin canciones de Adele, quizás por Pierce Brosnan en portada. Dos años después, este filme nos permitió disfrutar de uno de los hitos más relevantes en el catálogo de Rare, la compañía que le dio a Nintendo algunas de las mejores joyas de sus consolas: *GoldenEye*.

GoldenEye era un juego de pistolas, lanzagranadas, metralletas, minas de proximidad y lanzacohetes en el que podías usar a todos los personajes de la película para jugar a las explosiones y a la ciudad en llamas durante horas con tus amiguitos, amiguitas y demás personas cercanas.

El juego también tenía la opción de realizar misiones, que es como cuando te mandan a hacer el súper pero, en vez de empezar por el área de frutas y verduras, empiezas disparando con un silenciador que te permite evadir la realidad de que eres el único usando esmoquin en una base militar a la mitad del desierto.

POKÉMON

Videojuego de criaturitas virtuales japonesas a las que esclavizas para participar en peleas clandestinas en el recreo o en los pasillos de la escuela.

Responsables de que las generaciones desde 1998 le tengan pavor a la realidad.

TAMAGOTCHI

Criaturita virtual japonesa que debías cuidar más que a un ser vivo.

Responsable indirecto de que las generaciones entre 20 y 35 años le tengan pavor a la paternidad.

ZELDA III
THE LEGEND OF ZELDA: A LINK TO THE PAST

—

Una leyenda es una narración de hechos naturales, sobrenaturales o una mezcla de ambos que se transmite de generación en generación. Por eso, cada secuela de *Zelda* tiene su propia mitología y *A Link to the Past* no es la excepción.

Lo que hace a esta tercera entrega de *Zelda* un juego tan brillantemente diseñado es que su singularidad consiste en haber convertido el género literario de aventura en una aventura literal gracias a sus gráficos avanzados e inolvidable soundtrack.

ARCADES

ALIAS MAQUINITAS

———

Las maquinitas (o arcadias) fueron un oasis de felicidad en el desierto del capitalismo. Situadas èn cuadros de concreto con poca luz natural y muchos colores artificiales, las arcadias te permitían cambiar tu dinero por juegos, los juegos por tickets y luego los tickets por regalos. En algún lado está el fraude, pero por alguna razón no se siente igual comprar los peluches directamente.

Servicio a la comunidad: buscamos testimonio de quien pueda comprobar con evidencia empírica que juntó los 20 000 boletitos para ganarse el PlayStation.

Y recuerda: no se vale trabar.

MODA

La verdadera razón por la que nos interesa la moda es por la popularización de la fotografía instantánea. Desde el momento en que una polaroid pudo ser revelada en segundos entendimos que el atuendo que tuviéramos puesto se mantendría registrado a perpetuidad (o por lo menos hasta que el sol carcomiera la tinta). Así encontramos fotografías de nuestros padres usando colores neones, calentadores, hombreras y, si eres mi mamá, una cadena con un símbolo de paz de unos cinco centímetros.

Es importante aceptar que percatarnos de que nuestra ropa iba a ser capaz de aterrorizarnos fue más bien una curva de aprendizaje. Los noventa no fueron la excepción. Accedimos a ser fotografiados usando overoles, sombreros con flores gigantes a la Blossom, ombligueras y collares de dientes de tiburón. En fin, seguimos en esa curva de aprendizaje y seguramente en una década más entenderemos el error que cometimos al aceptar los *leggings* como pantalones. Mientras tanto, por lo menos encuentra satisfacción en saber que pasamos por el pelo plateado antes de Instagram.

ANILLO DEL HUMOR

Un anillo del humor era, valga la redundancia, un anillo que tenía una piedra que supuestamente podía detectar tu humor. Si la piedra se tornaba azul, estabas cansado o relajado; si la piedra estaba de color verde, neutral; si la piedra tomaba un color amarillo, estabas nervioso o ansioso.

Y si tenías uno de éstos estabas peligrosamente cerca de creer en horóscopos y de aprender a leer auras. En otras palabras: esto era claramente una estafa, pero era especialmente ofensiva porque era una estafa horrible y vergonzosa (o sea, hay otras estafas, como los diamantes, que mínimo son estafas brillantes y vergonzosas).

No hay mucho que decir de este anillo más allá de que no, su cambio de color no reflejaba tu humor: el humor personal es un concepto que poco tiene que ver con objetos del plano material. No nos queremos poner metafísicos, pero sospechamos que aún los venden en algún lugar y alguien aún está desperdiciando su dinero.

ANILLO PARA EL DEDO DEL PIE

Porque alguien, en algún momento, vio un pie y pensó: "¿Sabes qué le hace falta? Decoración".

CHUPONES DE LA SUERTE

—

A finales del siglo XX, el Concilio Mexicano de Moda, Accesorios y Sociedad decidió que los chupones eran la pieza perfecta para complementar cualquier atuendo. Así nacieron los chupones de la suerte.

Los chupones de la suerte eran... pequeños chupones... de plástico traslúcido... que se ofrecían en una diversa gama de colores... y no daban suerte. Algo así como tus calzones de la suerte, cuya única suerte es la de proteger tu virginidad. O sea, lo de la suerte realmente no es más que superstición.

En los años noventa fueron el equivalente en el mercado de las llaves Tiffany de hoy en día: los podías encontrar en anillos, pulseras, collares, llaveros y en casi cualquier superficie de la que pudiera colgarse un hilo.

Estos curiosos accesorios no han pasado de moda, no realmente: sólo digievolucionaron en osos, diamantes y cuanta figura pueda ofrecernos el plástico templado.

JOYERÍA DE DULCE

—

El *multitasking* no sólo nos trajo relojes calculadoras, también nos regaló accesorios comestibles. Nada como romper la piñata y encontrar un collar que también te podías comer si te daba hambre. Posiblemente éste haya sido uno de los inicios de los altos índices de obesidad y diabetes infantil en México... pero, a quién le va a importar cuando *ñom ñom ñom*.

Ya, pues, los noventa siempre pusieron la eficiencia por encima de la estética y nuestra selección de dulces no fue la excepción, ¿verdad, Ring Pops?

PULSERA ÓPTIMA

La pulsera Óptima fue un invento chileno de los noventa que desfalcó a las abuelitas y a los abuelitos mexicanos a través del cuento de los once poderes.

A diferencia de los chupones de la suerte, cuya suerte era una mera fantasía de mercado, la joyimántica (sic) era un alambre de cobre bañado en bronce y, tal como decía el mismo Omar Gárate Gamboa en la radio, es uno mismo el que le transmite la fe a los talismanes. Dejando de lado que se supone que los talismanes sólo funcionan si son hechos exclusivamente para uno y no ensamblados en línea de producción, la pulsera Óptima era la excusa perfecta para ir con los de la metafísica a dejar la tanda.

Al igual que el guantelete del infinito, a la pulsera Óptima también le podías cambiar las gemas de poder.

BABY-G

El Baby-G fue el Turbo Man de los accesorios de los años noventa, el accesorio distintivo de más de una generación.

El reloj casual, deportivo, atrevido y colorido que usaban niños, niñas y adolescentes por igual.

Mientras que unos codiciaban el reloj calculadora, otros presumían que su reloj, en vez de computar pequeñas operaciones, podía dar la hora, alumbrar su pantalla con luz y poner un muñequito de palitos a correr.

GARGANTILLA
DE PLÁSTICO
___

El ahorcamiento paulatino de la moda. El collarín de la alta costura. El tatuaje temporal de los noventa. Accesorio de tiempos inmemoriales. Prostitución o realeza, afirmación política o declaración de moda: las gargantillas han sido piezas clave en la historia de los accesorios y de las joyas. En los años noventa, las gargantillas de plástico fueron el Oxxo de las ciudades, *La República* de Platón en el plan de estudios del bachillerato. Celebridades los usaban en alfombras rojas, mujeres los lucían en fiestas y no faltaba la niña que lo escondía en su mochila durante clase para ponérselo al sonar el timbre que daba fin al día escolar y verse cool mientras pasaban por ella.

Como casi todo lo de los años noventa, las gargantillas de plástico han regresado, ahora, a tu H&M más cercano: por el momento sólo queda relajar la vena y ajustar el chóquer.

ACCESORIOS
DE PLÁSTICO TRANSPARENTE

—Goei, imagínate si tuviéramos ropa transparente.

—Sería como el nuevo traje del emperador pero en la vida real, goei.

—Goei, ¡hagámoslo!

—Nos vamos a hacer millonarios, goei.

Creemos que así fue como los noventa fueron diseñados por los personajes de *That 70's Show*.

Desde chamarras de plástico transparente (algo así como impermeables pero supuestamente *fashionable*) hasta bolsas de plástico transparente, en México nos parecía importantísimo que todos supieran qué llevabas encima.

CABELLO
DE COLORES
—

Una tendencia iniciada gracias a la influencia de los dibujos animados de Nickelodeon en los adolescentes. No encontramos otra explicación por la cual una persona decidiera pintarse el pelo color azul pitufo sino fuera para parecer un personaje de los *Rugrats*.

PELO PLATEADO
—

No se trataba de llevar el tono plateado hasta la raíz, pero tampoco era nomás las puntitas. Se trataba de encontrar el punto medio, entre rubio platinado y accidente de laboratorio para lograr que la cabeza se viera como un paquete de Maruchan sin hervir.

EL MULLET

El *mullet* es considerado entre los pasillos del meme como uno de los superpoderes compuestos de personajes como Capitán Planeta y Marco Antonio Solís, a.k.a. el Buki.

Por un lado: Capitán Planeta es capaz de manipular el clima y el ambiente, es prácticamente invencible (excepto por su susceptibilidad a la contaminación... o sea, nunca viviría ni siquiera cerca de la CDMX), telépata, capaz de volar y extremadamente fuerte. Todo esto quizás gracias a su *mullet* (y no al hecho de que es una caricatura).

Por otro lado: el Buki es capaz de manipular ondas sonoras a su conveniencia, y según algunos periódicos gringos, donde le conocen también como "El sexy *mullet*", es capaz de embarazar a una mujer sólo con verla. ¡Agitando el *mullet*!

DONAS
PARA EL CABELLO
QUE LAS MORRITAS NOVENTERAS CASI NUNCA LLEVABAN EN EL CABELLO

━━━

Escudo oficial de la nación inaugurada por Fey.

MAQUILLAJE
EN COLORES METÁLICOS

━━━

Cindy Crawford, Claudia Schiffer y Naomi Campbell lo usaban y en los noventa no se cuestionaba lo que Cindy Crawford, Claudia Schiffer y Naomi Campbell hacían.

HOMBRERAS

El uniforme militar de la moda. El futbol americano *meets fashion*. El *push-up* de los años noventa. El "tu cuerpo no es lo suficientemente bonito por su cuenta" del fin de siglo.

A principio de los años ochenta y durante los años noventa se reavivó la milenaria creencia de que a las mujeres se les vería mejor la ropa si tuvieran hombros más grandes. La solución a este problema fueron unas almohadillas de espuma de poliuretano que se cosían en interior de la ropa, a la altura de los hombros. Algo así como las servilletas en el brasier o el calcetín en los pantalones, pero menos vulgar.

Esta moda es mejor conocida hoy como ejercicio de omóplatos o, en casos más extremos, cirugía plástica.

OMBLIGUERA
EL CROP TOP ANTES DEL CROP TOP

La moral colectiva de nuestro país se ha ido relajando en el lapso de los últimos años, pero las ombligueras en los noventa fueron una moda que vino a acelerar este proceso de transformación de los valores colectivos.

A ojos de los *baby boomers*, una mañana sacar la pantorrilla era mucha piel, y de pronto la banda ya andaba con el ombligo de fuera.

OVEROL

OVERALL

Los overoles son lo más cercano que ha estado Marx de comprobar exitosamente sus teorías y es que, a mediados de los noventa, la popularidad de los overoles dio la impresión de que finalmente el proletariado iba a dominar a la sociedad. Pero no, sólo era Will Smith y *El príncipe del Rap*.

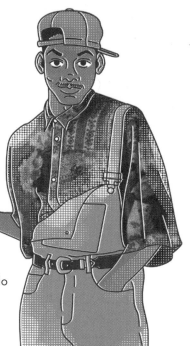

EL TIE-DYE

Grito de guerra de la familia caucásica de suburbios que jamás ha estado en contacto con un hippie porque seguro tienen enfermedades contagiosas.

LENTES RAY-BAN

Uniforme oficial de los Hombres de negro y, aun si no te gusta recordarlo, gracias a Will Smith también fue el uniforme oficial de los años noventa. Accesorio *trendy* contra el reflejo, los rayos UV y los neuralizadores.

PORTACELULAR

El accesorio de moda favorito de tíos y tíos abuelos en todo el país desde 1995.

El portacelular es la cangurera del hombre ocupado y productivo en tiempos modernos. Originalmente era un signo de estatus, pero con el tiempo se quedó sólo como una aberración estética (como los *smartwatches*) que dice: si me quieres robar, ya sabes dónde guardo mi posesión más cara.

TENIS AIR JORDAN

En el imaginario de los chicos de la época se suponía que el colchón de aire en los talones de estos tenis te daba un rebote especial al jugar basquetbol; es decir, te hacían saltar más alto. Por supuesto esto no funcionaba así porque no somos Looney Tunes y no podemos usar el poder de rebotar para solucionar los problemas de nuestras vidas. Sin embargo, Nike no dijo nada al respecto. "Que piensen lo que quieran", habrán dicho, y nadie los corrigió.

DEPORTES

Los deportes eran, son, han sido —hasta que encontremos una mejor manera de sublimar nuestra necesidad de competencia— y seguirán siendo, nuestra más sana y afortunada manera de elegir a nuestros héroes y heroínas: una especie de catálogo de personas, momentos, equipos, combinaciones de ideas y propuestas que construyen hegemonías, récords, marcas imbatibles y, luego, leyendas.

Los noventa nos hicieron creer que la palabra "imposible" era sólo un impedimento mental que las personas utilizaban de excusa cuando no podían hacer algo porque la voluntad no era suficiente. No sólo por los comerciales de zapatos deportivos sino también por el nocaut en el primer asalto de la primera pelea de Laila Ali, la hija del gran Muhammad Ali.

Si alguien te dice que algo es imposible es porque no vio a Phil Jackson manipulando las reglas del tiempo o a Roberto Carlos transformando las normas naturales del cuerpo humano o a Televisa alcanzando el cinismo del octavo sentido en cierta final entre el Necaxa y el América.

HUGO SÁNCHEZ
HUGO SÁNCHEZ MÁRQUEZ

—

El niño de oro. Macho. El manito. Inspiración para futbolistas y para personajes de series de televisión por igual. Orgullo nacional tanto de estudiantes del Conalep como de juniorcitos del Tec. En una sociedad mexicana que discrimina por todas y cada una de las razones posibles, Hugo Sánchez fue nuestro "Imagine" de John Lennon.

Mejor jugador del siglo XX de la Concacaf, cuarto lugar en anotaciones de gol en la historia de la primera división española, comentador de ESPN y hasta entrenador de la selección mexicana, Hugo Sánchez también es el responsable de haber incendiado la obsesión del mexicano por el Real Madrid tras haberse coronado pentapichichi. Desafortunadamente esta obsesión sigue vigente y está muy bien acompañada por poblanos ostentando camisas del Barça y por chilangos preocupadísimos por la tabla de la Champions.

Hugo, Huguito, Hugol: el Chicharito de los años noventa.

JORGE CAMPOS
JORGE CAMPOS NAVARRETE

———

Jorgito, la leyenda del arco. El Brody. El inmortal. El incansable cancerbero de la selección nacional.

Jorge Campos Navarrete es el mexicano contemporáneo y figura noventera que más necesita una estatua y una calle con su nombre enfrente del palacio legislativo. El mejor portero de la selección (lo sentimos, San Ochoa, pero es la verdad) y delantero con 47 goles en su haber. Ágil en el área, sea atacando o defendiendo. Comprometido guerrero dispuesto a pelear hasta las pelotas más difíciles sin importar su metro setenta de estatura.

Pasó a la historia por sus atuendos inspirados en alebrijes oaxaqueños y por aquel comercial de Pepsi que hizo con los mejores del mundo, donde él era el tercer mejor portero en 1993. Sin embargo, no olvidemos sus huaraches y sus incontestables comentarios en las transmisiones de TV Azteca.

Jorge Campos es la persona que mejor ha vestido la playera de la selección y este país no ha visto a un jugador que ame más nuestra tierra. Sí, crecimos admirándolo y moriremos recordándolo.

CUAUHTÉMOC BLANCO

CUAUHTÉMOC BLANCO BRAVO

———

El Temo, nuestro Tiburón Blanco.

Creador de la cuauhtemiña, jugada también conocida como llevarse el balón entre las patas (muy parecido a lo que el alcoholismo de tu tío le hace a todas las reuniones familiares).

Cuauhtémoc Blanco fue el Chicharito de los noventa. A diferencia de Javier Hernández, este personaje era una maravillosa síntesis de orgullo mexicano y pena ajena. Consciente de su popularidad (y de la finitud del dinero) utilizó su fama para convertirse en leyenda; leyenda que luego decidió dedicarse a la política, y pues ahora solamente da pena ajena. Pero eso es hoy, en los noventa, el Cuauh fue América, fue Necaxa, fue México.

LUIS HERNÁNDEZ

LUIS ARTURO HERNÁNDEZ CARREÓN

———

El Matador: peligro en la cancha para sus contrincantes y peligro en sus elecciones de moda deportiva en general.

Es el jugador mexicano de futbol que más goles ha anotado en copas del mundo. No, no es el Cuauh.

También es el futbolista con más goles anotados en el lapso de un año con la selección nacional. No, que no es el Cuauh.

Guardado en el baúl de la nostalgia. No es tan recordado como otros jugadores porque, pues, no es el Cuauh.

RENÉ HIGUITA

JOSÉ RENÉ HIGUITA ZAPATA

La selección colombiana de futbol desde mediados de los ochenta y hasta finales de los noventa fue una máquina imparable de baile, danza y poesía instalados en el deporte.

Al frente tenían a personas como el Pibe Valderrama, Faustino Asprilla o Freddy Rincón, pero en el fondo de la portería se encontraba René Higuita.

Renato, Pelao, El Loco. Maestro de lo imprevisible. La cortina de acero del futbol de los años noventa.

Portando una melena más propia de baterista de banda de rock que de futbolista, es el posible responsable de que actualmente uno espere que un portero haga más que sólo parar tiros a gol.

A menos que vengas de Durango, si naciste en los noventa, asocias la palabra "escorpión" con este monstruo del pambol.

PERRO BERMÚDEZ

ENRIQUE BERMÚDEZ DE LA SERNA

Aficionados que viven la intensidad del futbol (y también los que no) conocen perfectamente la voz y la tonalidad con la que se pronuncia el inicio de esta oración.

En los años noventa hubo quienes le hicieron el amor al lenguaje poético con piezas como "mejor yo me echo una chela y chance enchufo una chava" y hubo otros, como Enrique, que se la dejaron ir al lenguaje poético (sin aviso y sin condón) con frases de épicas proporciones como "qué bonito es lo bonito". Sea como sea, nuestro Perro ha logrado convertirse en una de las voces icónicas de la televisión deportiva.

Lo tiene, es suyo y no quiere dejarlo ir.

Si todavía no has descifrado de dónde el apodo, por favor fíjate en la suave y tersa piel de bulldog con la que ha sido bendecido.

TOÑO DE VALDÉS Y ENRIQUE BURAK

ANTONIO DE VALDÉS FRANCO Y ENRIQUE BURAK

Piénsalo por un minuto: si creciste durante los años noventa y veías deportes en televisión, un gran porcentaje de tus recuerdos están narrados por estos dos.

CLUB NECAXA
IMPULSORA DEL DEPORTIVO
NECAXA S.A. DE C.V.

Recuerdo el tiempo en el que sólo éramos Jorge Ortiz de Pinedo, Ernesto Zedillo, El Rayo Mayor y yo amando a este equipo.

Posiblemente el primero de la Femexfut que logró quitarle al Cruz Azul una final de las manos. Tan seguro estaba el triunfo del azul que la banda apostó hasta sus hipotecas, tan trágica fue su derrota del 94-95 que (como tu papá la mañana de tu graduación) nunca lograron levantarse.

Provenientes de un estado tan popular como Tlaxcala, los Campeonísimos, los Electricistas, los Once hermanos, los Rayos fueron El equipo durante la última década del siglo XX. Ganaron todo (excepto popularidad duradera). Incluso llegaron al séptimo lugar del ranking de la Federación Internacional de la Historia y Estadística del Futbol.

Los Rayos fueron el primer equipo en lograr la hazaña conocida como doblete de copa y liga (y ni así se acercaron a la celebridad del América).

El Necaxa es un rayo y no se apaga. El Necaxa es un equipo vencedor. Fuerza, Rayos, que ganamos la batalla ¡y dejamos en la cancha el corazón!

Dicen que nuestro club de fans tiene alrededor de 21 personas. ¿Que cómo lo sé?, ¡porque yo tengo el número 21!

MARADONA

DIEGO ARMANDO MARADONA

———

A los poderosos reta y ataca a los más villanos, sin más armas en la mano que un diez en la camiseta: Maradona.

Principal razón por la cual un millennial querría tener trillizos: para ponerle Diego al primero, Armando al segundo y Maradona al tercero. O sea, aliciente de violencia infantil... porque, aparentemente, intentar rechazar a los hijos que ha tenido fuera del matrimonio no ha sido suficiente para Diego.

El Superman latinoamericano del deporte. Santo futbolístico de Argentina. Genuino catalizador de amor de fans del futbol y de *dealers* de cocaína por igual. D10S. Da Vinci en la cancha de futbol, pintando Giocondas en cada partido y tan sobrevalorado como aquel genio italiano.

Maradona fue algo así como el Messi de los ochenta pero en escándalos y él sí ganó el mundial.

También conocido como el Barrilete cósmico, Pelusa, Dieguito, Maradó, Pibe de oro, drogadicto y tramposo.

RONALDO

RONALDO LUIS NAZÁRIO

No, no ese Ronaldo, otro Ronaldo. La papa con cátsup del acontecer deportivo internacional. O fenómeno del futbol internacional. Exportado por Brasil e importado por los corazones del mundo. Medallista olímpico, ganador del FIFA World Player (1996, 1997 y 2002) y ganador más joven de la historia del FIFA World Player (al menos hasta el momento de escribir este libro). Jugó tanto para el Real Madrid como para el Barça, tanto para el Inter de Milán como para el A. C. Milán. Considerado uno de los mejores jugadores extranjeros de La liga y, también, uno de los más peligrosos anotadores en varias temporadas de La liga. En otras palabras, Ronaldo fue como el Ronaldinho de los años noventa, como el chocolate del mole poblano de la vida deportiva internacional, como el negrito Bimbo en el surtido de los panes empaquetados del futbol mundial.

COPA AMÉRICA 1993

La Trigésimo Sexta Copa América fue un hito cultural en nuestro país porque, por primera vez, México estaba invitado. Aunque el torneo se celebraba cada dos años, México vivió la Copa América de 1993 como si hubiera sido invitado al Cannes del futbol: con emoción, pasión y mucho, mucho alcohol.

Al final... corrección... en la final, Argentina nos ganó. Lástima que no te tocó: es lo más cercano que tenemos al origen de nuestra rivalidad con Argentina. O, lástima que sí te tocó porque, probablemente, ahí nació tu rivalidad con la nación mejor conocida por exportar pibes que se sienten europeos sin haber pisado París, pibes sencillitos y carismáticos.

COPA MUNDIAL DE LA FIFA

1986, 1990, 1994 Y 1998

Datos que debes saber del mundial de 1986
- Segunda copa mundial celebrada en México.
- Ganador: Argentina.
- Mejor actor principal: Diego Armando Maradona.
- Mejor actor secundario: la mano de dios.
- Mejor escena: el gol del siglo.
- Jugamos como nunca, perdimos como siempre.
- Mítico por haber sido el único mundial en el que México ha logrado llegar a cuartos de final.
- Primera vez en la historia del mundial que un árbitro invocó la tarjeta de "cállate, chachalaca", expulsando al técnico paraguayo Cayetano Ré del campo de juego.

Datos que debes saber del mundial de 1990
- ¡Qué perro oso! A este mundial ni fuimos porque la FIFA nos mandó al rincón de los niños castigados por andar de tramposos. (Google: el cachirulazo).
- Ganó el capitalismo alemán.

Datos que debes saber del mundial de 1994
- Copa celebrada en Estados Unidos: toda una generación tuvo que aprender a distinguir futbol soccer de futbol americano porque, para los gringos, el futbol se juega con las manos.
- Llegamos a octavos de final.
- Primera vez en la historia de la copa que se vivió una final digna de *Los caballeros del Zodiaco*: Brasil se convirtió en tetracampeón en tanda de penaltis.

Datos que debes saber del mundial de 1998
- Una vez más nos quedamos en octavos de final.
- Se celebró en Francia y ganó Francia: los más escépticos te dirán "¿Coincidencia? No lo creo"; entérate de ésta y otras teorías de conspiración en nuestro siguiente título *Área 51, reptilianos y el séptimo orden mundial*.

MICHAEL JORDAN

MICHAEL JEFFREY JORDAN

—

Mike, MJ, Air, Air Jordan, His Airness: otro Miguel estadounidense que llegó a este universo a transformar la vida de muchas personas y sus corazones (o sea, como Michael Jackson, no como Luis Miguel).

Con seis pies y seis pulgadas de alto (como dos metros en el sistema métrico decimal) y con doscientas dieciséis libras de peso (como noventa y siete kilos en cualquier pinche lugar del mundo menos en Estados Unidos), presentamos a su aérea majestad Miiichaaaeeel Jooordaaan. *Gritos, brasieres y calzones*.

El jugador de basquetbol que hizo creer a miles que el hombre podía volar. Ya sabes que jugó con Bugs Bunny. Ya sabes que defendió tu infancia de los Monstars. Ya sabes que ganó seis anillos con los Chicago Bulls. Y ya sabes que promedió 30.1 puntos por partido haciendo historia en la liga.

El Brett Favre del basquetbol, el Tajín de la jícama con limón del deporte, la salsa Maggi en la michelada de la cultura de los años noventa. Nos demostró que los héroes también tienen sueños en los que fracasan persiguiendo una carrera en el beisbol que fue tan exitosa como un plan del equipo Rocket en *Pokémon*.

Hoy por hoy es propietario de los Charlotte Hornets y marca viviente inmortalizada en los Air Jordan, que son como los Yeezys pero de una figura verdaderamente talentosa.

Michael Jordan fue un fenómeno sin igual. Produjo una fanaticada que tomaba su nombre por ley pero, a diferencia de Tom Brady, eso no convirtió a los Bulls en el eterno rival a odiar… quizás porque no se desinflaron pelotas, ni se grabaron entrenamientos de otros equipos mientras él llevó a los Bulls a indiscutidas victorias.

TOROS DE CHICAGO

CHICAGO BULLS

Equipo encabezado por Phil Jackson, quien hace ver a Bill Bellichick como un novato. Equipo liderado por Michael Jordan. Equipo asistido por una escuadra compuesta por Luc Longley, Scottie Pippen, Dennis Rodman, Tony Kukoc y muchos, muchos más. Durante los noventa ganaron seis campeonatos de la NBA y se posicionaron como el equipo más dominante en la historia de la liga. Al menos hasta que Golden State y Stephen Curry les hicieron lo que Messi a Maradona (o sea, un quítate que ya llegué).

DENNIS RODMAN

DENNIS KEITH RODMAN

—

A Dennis Rodman le sucedió lo que nos sucedió a casi todos en las reuniones familiares a las que llegaba la tía Chona con su hijo Pablito, quien era primer lugar en el cuadro de honor, primer lugar en la feria de ciencias, primer lugar en el Spelling Bee, delantero estrella de la sección secundaria del equipo de futbol estatal y promesa artística en óleo y acuarela. De pronto tu segundo lugar en el torneo estatal de karate no se veía tan impresionante. *Fucking* Pablito.

No hay un solo niño de los años noventa que no haya sabido quiénes eran los Chicago Bulls. Muchos relacionan a los Bulls con Jordan pero los que sí estaban poniendo atención saben que Jordan y los Bulls no son Jordan y los Bulls sin el gusano, sin Rodzilla, sin el loco, sin Dennis Rodman.

Campeón reboteador en siete de los diez torneos que organizó la NBA durante la última década del siglo XX. Este increíble pelos de maruchan de pollo sin cocinar se especializaba en conseguir el balón en la cancha y en conseguir el escándalo en la vida real. En su currículum hay un amorío con Madonna, ser compa de Kim Jong-un, escandalizar a tíos y a las tías por igual por sus tatuajes, sus piercings, su vestimenta extravagante y su ocasional (¿o permanente?) gusto por el travestismo, entre otros.

JULIO CÉSAR CHÁVEZ

JULIO CÉSAR CHÁVEZ GONZÁLEZ

Leyenda mexicana del cuadrilátero. El Vicente Fernández del boxeo: no tanto por su talento, sino porque su técnica y su nombre le dejaron unos zapatos muy grandes a su hijo.

El César del boxeo. Seis veces superado y dos veces empatado, JC se colgó 107 victorias, de las cuales 86 fueron por nocaut. No en vano los comentaristas mexicanos hicieron gala de sus superpoderes de labia y altos niveles de creatividad para apodarlo Mr. Nocaut.

Nuestro santo del cuadrilátero, únicamente derrotado en dos distintas ocasiones por un mismo rival, el Golden Boy, el mexicano-estadounidense Óscar de la Hoya. Bueno, también por el alcohol y las drogas pero ésa es otra historia.

Chávez no tenía reparo en pelear con quien se le pusiera enfrente. Así podemos aceptar que si bien Mayweather se jubiló invicto con un 50-0, Chávez peleó 115 veces con más de 90% de éxito. Si los dos campeones fueran Godínez: Mayweather sería el jefe de proyecto que se cuelga todas las medallas y Chávez sería el becario que entra sin sueldo, lleva los cafés, cierra las ventas con los clientes y la hace de recepcionista sin quejarse ni dejar de sonreír.

Chávez es el nombre que susurran los ecos en las paredes del viejo siglo. Chávez, por los dioses elegido desde Ciudad Obregón, Sonora, para hacernos soñar y llenarnos las noches de una esperanza incomprensible que habita nuestro inconsciente colectivo: México, campeón mundial.

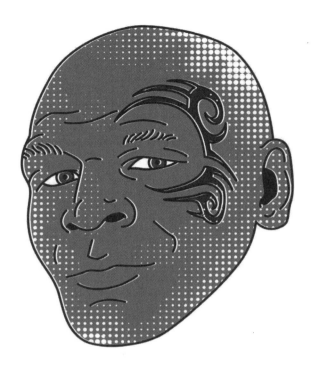

MIKE TYSON

MICHAEL GERARD TYSON

—

Pocas personas saben que la película ¿*Qué pasó ayer?* está parcialmente inspirada en la vida de Mike Tyson.

Para quienes vienen por el chiste de la oreja de Evander Holyfield: nos parece de mal gusto. Antes de eso, debe haber al menos un grupo de música pop en su honor. Ya luego los chistes.

PERRO AGUAYO
PEDRO AGUAYO DAMIÁN

El can de Nochistlán: taquillero de la lucha libre mexicana y uno de los luchadores fundadores de la marca de promociones Asistencia Asesoría y Administración (mejor conocida como el IFAI).

Entrenado por el Diablo y debutado ante el Red Terror, nuestro Perro Aguayo es la prueba fehaciente de que Zacatecas existe y que exporta algo más que poetas y cantantes.

Presentándose en el escenario con calzón negro, botas y un chaleco con piel falsa de perro, Pedrito es especialmente celebrado por sus dos características movidas finales: "el brincolín" humano, también conocida como "la lanza zacatecana", y el clásico "mira, mi pene en tu cara", también conocida como "la silla".

OCTAGÓN
JUAN ESCALERA

Primero, el Dragón dorado, luego la Amenaza elegante y, finalmente, el Amo de los ocho ángulos: Octagón, también conocido como el hijo bastardo y región 4 de Chuck Norris con Jackie Chan... porque, aparentemente, la lucha libre mexicana necesitaba un ninja mexicano.

LA PARKA

ADOLFO MARGARITO TAPIA IBARRA

El Gringo, el Minero, el Asesino de Tepito, Príncipe Island, el Invasor del norte I y, finalmente, la Parka. Adolfo Tapia tuvo tantos cambios de personaje como cambios de humor tiene una morra durante el síndrome premenstrual (y esto lo está escribiendo una morra, so: other morras, chillax). Sin embargo, la Parka vive en las memorias bonitas de quienes vivieron y viven la intensidad y el folclor de la lucha libre profesional.

L. A. Park, por La Auténtica Parka, fue proletario del cuadrilátero y, también, fue alienado de su identidad pública con el fin de maximizar las utilidades de su señor capitalista. O sea, su jefe le quitó su identidad... como cuando los amigos del novio de tu amiga le quitaron el celular y le crearon un "perfil falso" de Tinder... pero en el caso de la Parka fue más un asunto de dinero y marca que de calzones.

Desde la temprana fundación de la AAA, Adolfo Tapia se caracterizó por ser un luchador amigable con los niños y por poseer una chispa especial para combatir sin perder el buen humor. Después de haber sufrido una metamorfosis kafkiana a manos de su gerente comercial, cuentan las malas lenguas que insultó al público y fue despedido. Entonces hizo lo que cualquier millennial haría hoy si pierde su trabajo fijo: freelancear. Así, la Parka ha trabajado de manera independiente durante años; repartiendo elotazos en el hocico (sí, ya sabemos que se llaman enzuigiris y/o spinning heel kicks) y caídas de panzazo (también sabemos que se llaman springboard moonsaults) en el cuadrilátero a todo aquel que se le enfrente.

SUPER PORKY

JOSÉ LUIS ALVARADO NIEVES

Héroe entre héroes.

HULK HOGAN

TERRENCE GENE "TERRY" BOLLEA

Hubo Hulk Hogan antes de 1985 y mucho después del año 2000 pero nunca como en el 85 y 86, en la emisión de WrestleMania (I, II y III) por MTV. Un evento masivo, lleno de celebridades que llevó a la WWE al mainstream y a Hulk Hogan a la fama internacional. Con su pelo y bigote platinado, sus playeras amarillas sin mangas y un bronceado artificial que, de milagro, no le evaporó la piel, Hulk Hogan brincaba de un lado al otro del ring destrozando a sus amigo-rivales

En 1986 perdería el título (después de 1474 días invicto) en manos de André el gigante y terminaría por recuperarlo en 1993. Sin embargo, jamás fue tan famoso o fuerte que en esos dos años de su carrera.

Para la década de los 2010, la prensa lo expondría como racista, perdería su lugar en el salón de la fama de la lucha y Gawker publicaría uno de sus *sex tapes*. Ya sabes, lo normal. Pero siempre será para nosotros el mejor luchador del mundo, aunque para los millennials sea el protagonista del reality show *Hogan Knows Best*. Porque si Hulk nos enseñó algo fue que incluso en el momento más bajo de tu carrera puedes solucionarlo todo con una buena demanda o un contrato en VH1.

VAQUEROS DE DALLAS
DALLAS COWBOYS
—

En un principio estaban los Pieles Rojas, el equipo de futbol americano representativo de la ciudad capital de Washington D.C. Un equipo que se decía orgulloso de sus raíces criollas y de la consecuente mezcla de culturas que dio origen a la nación líder que fue Estados Unidos (sí, fue... en pasado). Los Pieles Rojas estaban en contra de que Dallas, una ciudad con profundas raíces nacionalistas texanas, tuviera un equipo representativo de tales valores que podrían dividir a la nación. No sólo Dallas tuvo equipo sino, aparte, los pusieron en el mismo grupo para que se enfrentaran dos veces cada año.

Ubicados en lo que en otras circunstancias llamaríamos "el grupo de la muerte", los vaqueros encontraron choque también con los Gigantes de Nueva York y las Águilas de Filadelfia.

Durante la década de los años noventa, los vaqueros se convirtieron en los responsables de la frase: "¿Quedan dos minutos en el marcador? Le falta como media hora, mejor vámonos".

PETROLEROS DE HOUSTON
HOUSTON OILERS

Los Houston Oilers fue un equipo legendario de futbol americano. Si bien el equipo nació al mismo tiempo que su deporte, a partir de 1994 le empezó a dar su pachón.

El colapso comenzó con una temporada digna de los Leones de Detroit, la cual terminó con una marca de 2-14. Aunarle a esa estrepitosa racha la propuesta de renovar el estadio por la módica cantidad de 144 millones de dólares resultó en que el equipo, mejor, se mudara de ciudad. Houston fue el papá que manda a su hijo a estudiar a una escuela militar cuando reprobó todas las materias y, después, tuvo la valentía de pedir un Eurotrip.

En 1997 se movieron a Tennessee y sólo esa temporada siguieron siendo los Petroleros. Después tuvieron que rebrandearlos para hacerlos los Titanes, porque qué perro oso. Se necesita ser texano para adorar al petróleo como a un dios.

BUFFALO BILLS

Durante cuatro gloriosos años consecutivos, los Buffalo Bills fueron campeones de la Conferencia Americana de la NFL. Durante cuatro gloriosos años consecutivos, los Buffalo Bills perdieron el Super Bowl y dos de esos años lo hicieron contra los vaqueros de Dallas. Cuatro veces seguidas se quedaron sin su anillo y, aun así, no perdieron seguidores. Mira, no encontramos explicación pero queda claro que el masoquismo es una decisión de vida. Otra decisión de vida es aguantar a los fans de los Bills.

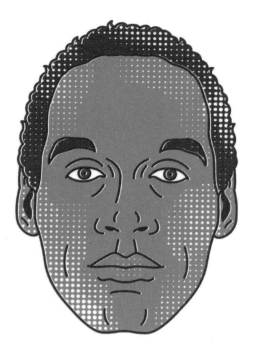

O. J. SIMPSON

ORENTHAL JAMES SIMPSON

———

Orenthal James Simpson cometió dos de los crímenes más famosos del siglo XX: mató a su esposa en 1994 y llevó a la familia Kardashian a la fama en 1995.

JUEGOS OLÍMPICOS DE 1992

EN BARCELONA

Óscar de la Hoya, el *dream team* del basquetbol y un pebetero olímpico prendido con una flecha: esas son las imágenes que vienen a la mente a cualquiera que recuerde los juegos olímpicos en Barcelona. Lo que quizá no sabes es que el país que ganó el mayor número de medallas en esta edición no fue China, ni Estados Unidos, fue el llamado Equipo Unificado que estaba formado por antiguos miembros de la Unión Soviética. Creemos que por fin estuvieron motivados a ganar la medalla de oro porque habían recuperado la propiedad privada.

AYRTON SENNA

AYRTON SENNA DA SILVA

—

Considerado uno de los mejores corredores de la historia de la Fórmula 1, Senna revolucionó el mundo del deporte no sólo por su increíble habilidad sino también por su prematura muerte al estrellar su coche en una pista en Italia.

Puso a Brasil en el mapa y a la fecha se le recuerda con cariño en el mundo de las carreras.

Fue conocido por su ferviente devoción al catolicismo porque en Brasil un ateo no puede ser deportista, ¿verdá Kaká?

TONY HAWK

ANTHONY FRANK HAWK

—

En 1986 la película *Trashin'* popularizó la cultura y el deporte de las patinetas que habían estado en declive desde los setenta. Fue en esa película en la que Tony Hawk pasó de ser conocido dentro de la comunidad de las patinetas a ser un icono global de una corriente.

Su fama se incrementó cuando en 1999 se convirtió en el primer patinador en completar un 900, que consiste en dar dos y medias revoluciones en el aire sobre una patineta, lo cual inspiró a Avril Lavigne a escribir "Sk8r Boi" (bueno no, no nos consta, pero así la canción se vuelve un poquito más interesante).

JUGUETES

Para muchos chavorrucos, los años entre 1985 y 1995 fueron sus tiempos mozos de diversión. Sin tablets, internet o *Angry Birds*, los niños de los noventa fueron forzados a encontrar entretenimiento estilo cavernícola: o sea, con juguetes de verdad o, peor, saliendo al aire libre a jugar con amigos. El horror.

En México, vimos desde el resurgimiento de los juguetes Mi Alegría, que satisfacían la curiosidad de muchos, hasta los clásicos de tianguis, como las canicas y las matatenas.

Los niños vivieron la época de oro de los cochecitos y las niñas de los juguetes para cocinar (recordemos que esto fue antes de que el feminismo llegara a México). También vimos el influjo de los juguetes extranjeros. La mayoría de los juguetes de la época eran japoneses como el Game Boy y los Tamagotchis (que aunque te los trajo tu tía que vive en Chicago, no son gringos). Nos divertimos mucho, demasiado, yo diría, pero muchos de estos aparatejos se volvieron obsoletos en la era del Xbox y los iPads. Menos los triciclos Apache, esos siempre van a estar porque duran, duran, duran, duran.

FURBY

Los gremlins de la vida real. El Baby-G de los juguetes.

Gracias a su pelaje psicodélico, a sus ojotes de loco, a su tierno piquito y a la habilidad de fingir inteligencia artificial, fue una de las piezas de tecnología comercial más populares de los años noventa.

Dolor de cabeza de padres e hijos por igual y posible responsable de ser el primer acercamiento que tuvo toda una generación al maltrato electrónico: la solución más eficaz al "Haaambre" o el "Sueeeño" de un Furby era quitarle las pilas, el equivalente en juguete de mandar a un perrito a dormir.

No descartamos la latente posibilidad de que estos alienígenas robóticos fueran en realidad una estrategia de Corea del Norte, la cual buscaba conquistarnos a todos para ser parte del imperio de los Jong-un. ¿O qué otra explicación les encuentras?

TAZOS

Una mañana vimos un comercial en donde Chabelo estaba presentando estos pequeños círculos de plástico impreso con dibujos de los Looney Tunes. A partir de esa mañana, México se vio poblada por la furia de los tazos: que si cuántos tenías, que cuántos ibas a apostar, que si ya habías dominado la fuerza y la técnica para ganarte los tazos de tus amigos. Comprar papitas era sinónimo de "¿cuántos tazos te salieron?", ya que todos los niños y niñas vivían con la esperanza de que a sus Sabritas les pegara el airecito de *La rosa de Guadalupe* y así trajeran más de un tazo.

Crack infantil, razón por la cual muchos niños se iniciaron en disputas sobre la legalidad de un juego y posiblemente el lugar en el que comenzó la ludopatía de varios chavorrucos actuales.

Como la gran mayoría de las cosas que pegaron en los años noventa, los tazos tampoco supieron retirarse con dignidad y, gracias a eso, tenemos supertazos, chiquitazos, medallazos y magic tazos.

PEPSI CARDS

Los cómics tuvieron dos grandes sucesos en los años noventa: *La muerte de Superman* y lo que todos conocen como "El cómic en el que le rompen la espalda a Batman". Para entonces, los efectos especiales del cine aún no permitían un Superman o un Linterna Verde decente (tristemente aún no tenemos un Linterna Verde decente), así que DC Comics se agarró del barco de la popularidad repentina e hizo lazos con cierta marca de refrescos que ojalá nos estuviera pagando por mencionarla tanto en este libro. El resultado: las Pepsi Cards.

Estas tarjetas venían con un álbum que podías conseguir consumiendo refresco y que en la portada interna decía, como poema dantesco: "Ésta es la lista de tus Pepsi Cards para que no te falte ninguna". Y fue así como miles y miles de niños cayeron en la obsesión que era tener la colección completa. Y por cierto, si aún tienes la colección completa: Mercado Libre es tu nuevo mejor amigo.

MI ALEGRÍA

Si piensas que tu pareja te manda señales mixtas es porque no le has puesto atención al catálogo de juguetes Mi Alegría. ¿Quieres hacer experimentos de química? El kit Biología plus está para ayudar. ¿Quieres hacer chocolates? El kit Chocolate gourmet se encuentra en tu juguetería más cercana. ¿Quieres recrear un ecosistema marino mientras construyes un dinosaurio robot y te pintas con maquillaje en tonos de rosa y azul pastel? Trata una combinación de HADA Perla, kit Peque robótica solar y un kit Peque explorador acuático. Tienen todo tipo de juegos para acercarte a la ciencia y muchos más diseños de accesorios de belleza. *Porque en México lo único que te frena para llegar a ser alguien en la vida es juguetes Mi Alegría. Siempre felices estamos.*

TRICICLO APACHE

Prueba de que en México la sensibilidad cultural jamás será un problema.

BARBIE

BARBARA MILLICENT ROBERTS

—

En cincuenta y ocho años, Barbara Millicent Roberts ha cambiado más de profesión que de calzones. Antes de 1980, nuestra baby Malibú ya había sido modelo de trajes de baño, enfermera y astronauta.

Entre 1980 y 1990, Barbie fue doctora, dentista, veterinaria, bombero, maestra, piloto e incluso hada de burbujas. Porque, por supuesto, hada de burbujas es una profesión bien pagada en el campo laboral. Sin embargo, uno de los roles más icónicos de esta popular muñeca fue la Day to Night Barbie, también conocida como la Barbie Godínez: de día oficinista con todo y maletín; de noche cambiaba el saco y la falda por un vestido para salir y el maletín por una pequeña bolsa. La muñeca que le enseñó a los ochenta y a los noventa que las mujeres también pueden trabajar de día e irse de fiesta por la noche; como Batman, pero para niñas (que no es lo mismo que Batichica).

Hoy en día, esa baby Malibú ya es toda una Lisa Lionheart laborando como científica, desarrolladora web, incluso presidente. Para que Margarita, Hillary y nuestra juventud sepan que también ellas pueden ser líderes mundiales y que, por supuesto, según la RAE, no existe la palabra "presidenta".

No hay una mujer más realizada y exitosa que ella: llegando al año 2000, Barbie ya contaba con una casa, una regadera portátil, una alberca, una cabaña, un automóvil, un avión, un supermercado, un *food court*, una veterinaria, una tienda de ropa y un salón de belleza. En otras palabras: la odies o la ames, Barbie fue la Slim de los juguetes.

POLLY POCKET Y MIGHTY MAX

Mitad juguete infantil, mitad arma mortal que se atora en tu garganta: las Polly Pocket y los Mighty Max fueron leales compañeros de los niños a mediados de los noventa. Fuese un viaje en automóvil, una cena familiar o una ida obligatoria a un restaurante sin juegos infantiles, Polly y Max estaban en tu bolsa o en la bolsa de tu mamá dispuestos a rescatarte del aburrimiento.

Lo que comenzó en 1989 con una pulgada de alto y recreación de ambientes que cabían en estuches del tamaño de un polvo compacto, en 1999 se convirtió en muñecos de poco más de tres pulgadas de alto. Aun con el incremento en tamaño y otras modificaciones que se le hicieron al diseño, Mattel decidió dejar de producir estos juguetes entrados los dosmiles, ya que quizás proveer piezas pequeñas a niños pequeños puede resultar en su muerte o, peor, en una demanda colectiva.

MICROHORNITO MÁGICO
EASY-BAKE

En 1963 la compañía de juguetes Kenner introdujo al mercado un horno portable que, usando un foco incandescente, generaba la temperatura necesaria para hornear pequeñas cantidades de masa. Después de muchos años en el mercado, Hasbro compró la compañía y cerró la producción del Easy-Bake Oven. Pero llegó 1993 y el nuevo modelo Microhornito tomó al mundo por sorpresa. Ya no utilizaba focos para cocinar, sino que usaba una fuente de calor igual a la que se usaba en los hornos reales y permitía a los niños hornear pequeños pasteles para decorar... aunque no decimos comer, porque no estamos seguros de que esas mezclas puedan llamarse "alimento".

Aun si la mayoría cree que el Microhornito era un juguete para hacer pasteles o para instaurar roles de género, su principal utilidad era causar corajes y desesperación en niños pequeños cuando el supuesto muffin o panecito quedaba muy crudo o muy quemado.

A mediados de los años noventa, el Microhornito dejó de ser rosa para convertirse en un juguete unisex (porque a los hombres también les da hambre). Pero siempre tendremos el hermoso recuerdo de que algún hombre en los sesenta pensó que nunca es muy temprano para cimentar roles de género en el cerebro de nuestros niños... si de por sí ya estaban viendo películas de Disney.

Pero bueno, si creciste en México en los noventa: o tenías tu Microhornito o los Reyes nunca te lo trajeron.

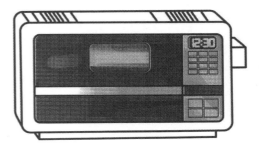

MAQUINITA DE RASPADOS

En el México de antaño, el Microhornito era príncipe pero, en la provincia (especialmente en el sureste), el niño con la maquinita de raspados era rey.

De dudable contenido nutricional, pero con delicioso sabor a químico infantil, este postre-juguete ayudó a miles de niños a acercarse a la repostería, rompiendo todo tipo de discriminación de género en el proceso.

OPERANDO
OPERATION

Juego de mesa en el cual se sacaban objetos que jamás encontrarías dentro del cuerpo humano con unas pinzas que, al tocar

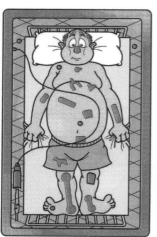

los bordes de metal de la cavidad en la que se encontraban dichos objetos, completaban el circuito eléctrico para encender un foquito rojo en la nariz del paciente. Así como pasa en todas las salas de operación.

También conocido como el primer y último filtro para entrar a la facultad de medicina de la UNAM.

¡Pumas campeón!

SEA MONKEYS

Lo más parecido al maltrato animal que podías encontrar en una juguetería.

Estos camarones mutados fueron inventados por Harold von Braunhut, quien no podría tener un mejor nombre de científico loco.

La dinámica era comprar un sobre que contenía los ingredientes necesarios para que, al ser mezclados con agua, bueno, la vida siguiera su curso natural.

Si se seguían las instrucciones, en un par de días todos los niños sin perros obtenían lo que siempre habían soñado: mascotas en un sobre y sin popós que recoger.

VIEWMASTER

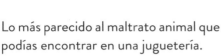

Quizás el internet todavía no había llegado a nuestras casas, pero lo que sí había llegado era el Viewmaster, un visualizador portátil de diapositivas en el cual podías ver paisajes y cortos de tus películas de Disney favoritas. Algo así como un Pinterest de esa época.

Originalmente no había sido pensado como un juguete, pero muchos juguetes de entonces tampoco fueron pensados desde el inicio como juguetes... sí, te estamos viendo a ti, maquinita de raspados. En principio, el Viewmaster era una adaptación de un viejo instrumento llamado estereoscopio: un coso (no se nos ocurrió un mejor término) que permitía superponer imágenes para ver fotos en tercera dimensión. En otras palabras, el Viewmaster fue como el abuelito de los Google glasses, pero con mucho más éxito.

HIELOCOS

—

Fue en otro comercial, donde te encontré... ¡bailando!

Si en algo nos instruyeron los años ochenta y noventa fue en el arte de acaparar basura para canjear por basura entretenida; por ejemplo, si juntabas un determinado número de tapitas de refresco Coca-Cola, eran canjeables por pequeñas figuras de plástico fundido y comprimido a altas temperaturas. Este plástico especial venía en forma de monstruitos acompañados por hilarantes historias sobre su nacimiento. Los hielocos Coca-Cola eran básicamente los *followers* de Instagram para los niños de los noventa: entre más tenías, más popular eras (especialmente en los recreos). Ah, los bonitos recuerdos de lo que hicieron la creatividad de las marcas y la falta de internet (y Facebook Ads) en nuestra infancia.

Como las canicas y los tazos, los hielocos fueron una suerte de pokémones primitivos que poníamos a luchar unos contra otros en nuestras horas libres. Si tirabas al hieloco contrario, era tuyo. Optativamente podías apuntar a las articulaciones de los dedos como estrategia defensiva y luego decir "ups".

Continuamos investigando la posibilidad de que los hielocos, más que entretenimiento, hayan sido una medida indirecta para conocer el consumo de diabetes líquida de una familia.

SEÑOR CARA DE PAPA

MR. POTATO HEAD

——

En algún lugar del mundo, alguien tuvo que entrar a una sala de juntas y defender su idea de llevar al mercado una papa antropomórfica. Y, en algún lugar del mundo, alguien en esa misma junta dijo "¿Por qué no?"

Años después, alguien entró a la misma sala de juntas (supongo) y propuso la idea de darle disfraces a dicha papa antropomórfica. Y ahí fue cuando perdimos noción de la realidad porque una cosa es que el Señor Cara de Papa sea un tubérculo bonachón y otra completamente diferente es vestir al Señor Cara de Papa de Capitán América.

CABEZA DE PASTO

GRASS HEAD

La personificación de decirle a un niño "ve a ver si ya puso la marrana". El juguete ideal para todos aquellos niños a los que no les creció su planta de frijolito y algodón en kínder.

Esta curiosidad de la jardinería tuvo su auge a mediados de los noventa. Una bolsita llena de tierra y semillas de pasto, jugar con tu Cabeza de pasto era tan sencillo como ponerlo sobre un plato con agua... y ya. Ah, qué pinche fácil era entretenernos entonces; no como hoy, que distraer a un niño implica horas de correr en un parque o una tarjeta de crédito y una tablet si prefieres hacerlo desde la comodidad de tu aire acondicionado.

Eventualmente, si las condiciones meteorológicas eran las correctas, el señor Cabeza de pasto empezaría a tener una melena de, ya sabes, pasto. Entonces le podrías dar un peinado extraño hasta que la vida siguiera su curso y su pelo muriera. A veces da mucha nostalgia la simpleza de tiempos pasados.

DINOSAURIOS
DE PLÁSTICO

El plástico continuó siendo rey en los años noventa: lo encontrábamos en nuestros empaques, en nuestros aparatos electrónicos y hasta en nuestros juguetes (ya que a nadie le importaban las tortugas si no eran ninjas).

El plástico era barato y el cuidado del medio ambiente todavía no estaba de moda. Lo que sí estaba de moda era el triásico y *Parque Jurásico*. Gracias a esa bonita combinación tuvimos dinosaurios de plástico. Dinosaurios de plástico *everywhere*.

Tener tu dinosaurio de plástico era tan sencillo como ir al mercado más cercano y pedirle a tu abuelita que te lo comprara. O, si eras niño de escuela privada, también podías esperar a que en tu cumpleaños te llegara uno de los que se vendían en jugueterías. Sea cual fuera el caso, la felicidad estaba en jugar con un T-Rex o un velociraptor o un pterodáctilo. No con un brontosaurio; escoger un brontosaurio es el equivalente de preferir un hámster a un perro: de compas, a nadie le entretiene jugar con un herbívoro. ¿Ya lo escucharon, veganos?

JUGUETES DE PLÁSTICO SOPLADO

A veces el Batman de DC que venía bellamente empaquetado y lucía esplendoroso en las vitrinas de Juguetrón no era una opción. Empezando porque costaba doscientos pesos. Ahora, con doscientos pesos apenas alcanza para ir al cine y comprar un combo Amigos (para el que no requieres un amigo), pero antes con quince pesos podías comprar una Maruchan, una Coca-Cola light, unos Churrumais y un Carlos V: básicamente una dieta balanceada. Entonces, quizás tu Batman de DC de doscientos pesos podía esperar. Pero sí podías tener un Batman de plástico soplado, de esos que se vendían en tianguis y mercados por veinte pesos.

Estas versiones piratas de los personajes de moda tenían una única misión: ser lo más baratos posible. El muñeco de plástico soplado era hueco y algunas piezas hasta conservaban orificios y rebabas del proceso de producción. Es decir, eran chafas porque eran chafas. Esto, por supuesto, hacía que el juguete fuera fácilmente aplastable, su pintura generalmente no aguantaba el uso rudo y, si los metías al agua, se convertían en auténticos Titanics de pobreza infantil. Sin embargo, éramos jóvenes y no nos importaba mucho jugar con Donatellos región 4... o, en otro caso, también podías jugar con héroes nacionales como el Santo, el Cavernario, Blue Demon o el Bulldog.

GEL MOCO DE KING KONG
SLIME

Accidente de laboratorio y compuesto de sustancias que, incidentalmente, fue calificado como juguete.

Parecía un moco gigante. El juguete no tenía un objetivo específico más que el de permitir que la imaginación infantil decidiera qué hacer con una materia babosa que se deslizaba entre las manos y que, al mismo tiempo, conservaba su forma, como alienígena de Dreamworks.

Su habitual tonalidad verde fue lo que le dio su popular nombre. Sin embargo, este juguete, más que moco, era un desastre natural con ingredientes como trietanolamina, ácido glutámico, lactato magnésico, oxalato cálcico, carboxipeptidasa, ácido aspártico, asparagina, treonina, serina, glicina, alanina, tirosina, triptófano, pegatina y, en casos extremos, brillantina.

MUELLE ESPIRAL
SLINKY

La criatura estándar de los noventa era bastante simple: le comprabas una casa de Barbie tamaño real y terminaba jugando con la caja simulando que era un cohete de la NASA que la llevaría a otro planeta.

Slinky, o su versión similar genérica intercambiable del mercado, era un juguete ideal para esta criatura llena de intereses y universos paralelos pendientes de explorar.

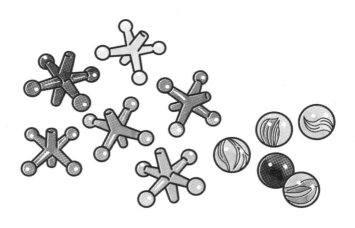

CANICAS Y MATATENAS

Legado de nuestro pasado, juguete de héroes y de criminales.

Desde la antigua Roma hasta nuestros antiguos Aztecas, las canicas y las matatenas han sido juguetes típicamente latinoamericanos que se han arraigado en la historia colectiva de México a tal grado que podríamos pensarlos como el pozole y las tortillas del niño mexicano. Bueno, el pozole y las tortillas del niño mexicano de esa época o el pozole y las tortillas del niño mexicano actual que no tiene *smartphone*, ni tiene internet para jugar *Clash of Clans*.

Las canicas fueron eterna fuente de ilusión cada vez que una abuelita llegaba del mercado con un lote fresco de pequeñas esferas de vidrio, cerámica o arcilla. Como azúcar en sistema diabético, una colección bien curada de canicas era felicidad pura tanto para uno como para todos los amiguitos vagos que querían chingártelas en las retas de la tarde o del recreo.

En cambio, las matatenas se colocaron en un sólido "meh" como el juego familiar en el que siempre ganaba el primo mayor... porque evidentemente era el más diestro.

HULA HULA
HULA HOOP

En el extraño panorama que se dibujaba en los noventa, los niños de la época se encontraban en una crisis de identidad en la que no entendían muy claramente si debían adoptar o desechar tal o cual de los juguetes de las generaciones anteriores. En este debate, el hula hula tuvo un resurgimiento desde las cenizas del movimiento hippie.

De un momento a otro, ¡escándalo!, ¡la niña está moviendo mucho esas caderas! (Y no había reggaeton... aún.)

NENUCO

La versión barata de las Cabbage Patch Kids. Y por barata queremos decir que a veces, cuando a la muñeca se le daba la gana, sólo se le cerraba un ojo y nos daba pesadillas que nos persiguen hasta el día de hoy.

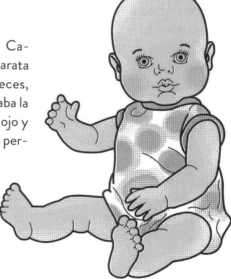

SKETCH
ETCH A SKETCH

Es incomprensible e inexplicable cómo era posible que una pantalla con dos perillas para hacer dibujos pudiera traer tantas horas de ocio... pero a lo mejor también nos estaremos preguntando en 2029 qué le veíamos de entretenido al *Candy Crush*. A lo mejor es esa eterna sensación de frustración la que nos hace regresar a este juguete para intentar, por última vez (esta vez de verdad la última), un dibujo decente. Lo único que había que hacer para empezar de cero era darle vuelta y sacudirlo ferozmente. Bueno, quizás no ferozmente pero eso, sin duda, ayudaba a desahogar la frustración.

ROMPECABEZAS IMPOSIBLE

Un cuadrado con cuatro columnas, cuatro filas, quince cuadritos numerados en quince celdas y una celda vacía: eso era el rompecabezas imposible. Podías mover los cuadritos, acomodarlos, reacomodarlos y, con suficiente destreza, hasta quitarlos y ponerlos para darles orden lineal, orden invertido, por colores, por números nones o números pares. De imposible tenía más el nombre que la destreza. Después de todo, en los noventa nada era imposible (si no, pregúntenle a Michael Jordan).

Lo que sí era sorprendente es que un juguete tan simple haya tenido tantos posibles juegos bajo el fundamento elemental de acomodar fichas con números. También era sorprendente el nivel de completo y absoluto ocio que manejábamos de niños.

Más adelante en la historia, a alguien se le ocurrió imprimir fotos en estas cosas y ahora las venden versión Rayo McQueen hasta en el Sam's.

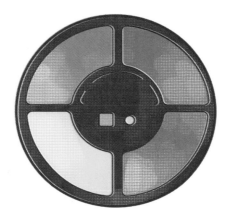

SIMÓN DICE

SIMON SAYS

—

¿Quieres jugar?, decías al verte frente un juguete del futuro que más que juguete quería ser juego de mesa. Y, de cierto modo, lo era.

Para jugar Simón dice necesitabas al menos tres personas, una de las cuales era el jefe que podía dar comandos como "Saca la lengua" o "Gira tres veces" que a veces tenías que obedecer y a veces no, dependiendo de la situación. O sea, Simón dice era el juego que te prepararía para ser un excelente asistente administrativo y saber adivinar qué es lo que el jefe quiere, cuándo lo quiere y cómo lo quiere a partir de instrucciones básicas, vagas y pobremente formadas.

La ventaja de Simón dice es que lo podías jugar aun sin el juguete futurista. ¿La desventaja? Que era el juego que todas las mamás odiaban en las fiestas infantiles porque nunca faltaba el animador Simón que te pedía que trajeras el tacón derecho de tu mamá al frente.

¿El verdadero objetivo del juego? Humillar a tus amigos, si sabías jugar bien.

NERF

—

Cómo tengo ganas de decirle a miss Tere de cuarto de primaria que ninguno acabó tuerto a causa de una pistola de aire con balas de hule espuma construidas específicamente para no dejar tuertos a tus amigos. Y aun después de tanto tiempo, sacarle un ojo a un compañerito sigue siendo uno de los miedos más grandes hasta de los papás millennials.

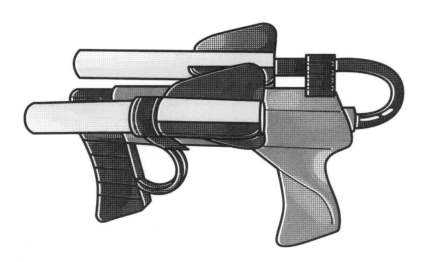

LASER TAG

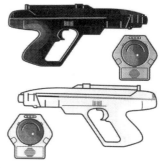

En los años noventa, un sistema (en principio militar) adaptado para niños fue el epítome de la combinación entre diversión y competencia: laser tag.

La emoción comenzaba desde que llegabas con tus amigos a un lugar oscuro con luces neón y un grupo de adultos un poco cansados porque #trabajo: todo esto hubiera sido una gran bandera roja si no fuera porque los adultos te equipaban con un chaleco futurista, unos audífonos y una pistola de rayos láser para luego entrar a un cuarto enorme, con muros laberínticos y recovecos inesperados, a dispararle al equipo contrario. Esta especie de gotcha con pistolas láser tenía reglas similares e igual de imaginarias que el gotcha. Una suerte de *Halo* en la vida real.

Al acabarse el tiempo de juego, los niños salían a comparar qué equipo había ganado y quién había conseguido la más alta puntuación: disparo al hombro, 10 puntos; disparo al pecho, 20 puntos; disparo a la cabeza, 50 puntos; que una niña tuviera una mayor puntuación que un hombre era el Mastercard del laser tag, no tenía precio (insistimos: todo esto antes de que el feminismo se pusiera de moda en México).

Mientras los niños se peleaban "a muerte", los padres solían estar muy contentos y tranquilos sentados en la cafetería más cercana.

En general, de las modas comentadas en este libro, ésta debería regresar. Aún los que no tienen ni idea de cómo funciona tienen que aceptar que suena divertido.

HOT WHEELS

Así como las canicas y las matatenas, los cochecitos de juguete han sido un legado. Esos pequeños automóviles solían traer la estampa de Hot Wheels por excelencia en el mismo juguete o en el empaque.

Sin embargo, la razón por la cual se pusieron de moda a final de siglo fue que podías poner a correr los cochecitos en pistas de carreras imposibles, con vueltas de 360° y, a veces, los autos parecían (por instantes) ir a la velocidad del viento.

Los coches Hot Wheels, como Lego, encontraron un espacio muy especial en el corazón de los padres de esta época porque su hábitat natural era el suelo de absolutamente toda la casa. Nunca faltó el "Manuel, ya te dije que levantes tus coches del suelo", algo así como el actual "Manuel, ya te dije que sueltes el celular".

Estos cochecitos tenían diseños que se apartaban de los modelos menos conocidos de cochecitos porque, además, eran los que usaban metal en la producción de sus autos. O sea que duraban mucho, pero no era ideal meterlos a la tina.

POWER WHEELS

En 1994, Power Wheels lanzó al mercado cochecitos operados con batería para niños. El de los hombres era amarillo y negro; el de mujeres estaba decorado con Barbies. Así, los niños podían pretender que andaban por la calle al estilo *Rápido y furioso* a unos 0.5 kilómetros por hora.

Power Wheels argumentaba que nunca es muy temprano para enseñarle a los niños cómo comportarse al volante. Los mexicanos argumentaron que nunca es muy temprano para que los niños entiendan que la mayoría de nosotros somos un peligro al volante.

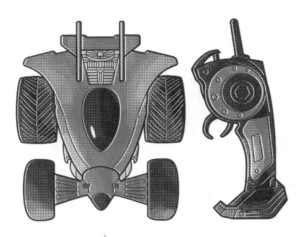

AUTOMÓVIL
DE CONTROL REMOTO
RADIO CONTROLLED CARS

Aparentemente, en los noventa no existían reglas claras sobre qué podía conformar publicidad engañosa dirigida específicamente a los niños y sus expectativas sobre el desempeño en velocidad y piruetas de estos juguetitos. En otras palabras: nunca funcionaban como te lo imaginabas.

Asumimos el engaño como parte de la fantasía normal del juguete. Había versiones pirata con un desempeño también bastante sólido en el mercado de los automotores eléctricos a escala.

Como en la vida de adulto, había quienes se iban por la velocidad, otros más por el desempeño, unos por el diseño y nunca faltó quien compró la camioneta de *Jurassic Park* con el dinosaurio que escupe agua desde la cajuela con tal de molestar a sus papás.

Almanaque chavorruco de Jorge Pinto
se terminó de imprimir en octubre de 2018
en los talleres de
Litográfica Ingramex, S.A. de C.V. Centeno
162-1, Col. Granjas Esmeralda,
C.P. 09810, Ciudad de México.